シリーズ【実像に迫る】007

征夷大将軍・護良親王

亀田俊和

kameda toshitaka

戎光祥出版

はしがき

大塔宮護良親王《おおとうのみやもりよししんのう》も、潜在的に人気がある歴史上の人物と言えるのではないだろうか。父後醍醐天皇《ごだいごてんのう》の鎌倉幕府《かまくらばくふ》打倒の意志を継ぎ、僧侶の身分でありながら、わずかな手勢を率いて強大な幕府軍に果敢にゲリラ戦を挑んでさんざん苦しめ、倒幕に多大な貢献を果たした。しかし、建武の新政においては父帝に疎まれて権力の中枢から遠ざけられ、最期は罪人として鎌倉に配流《はいる》されて、悲劇的な死を遂げた。有能であるにもかかわらず、父親と衝突して不遇な境遇に置かれる点は、足利直冬《あしかがただふゆ》（足利尊氏《たかうじ》の庶子《しょし》）とも共通しており、判官贔屓《ほうがんびいき》的な人気を集めやすい人物であると言える。

しかしながら、護良親王の学術的な伝記は、最近刊行された新井孝重による評伝を別とすれば、少なくとも終戦以降はほとんど存在しないようである。その理由としては、戦前の過剰な南朝《なんちょう》賛美の反動で、建武政権《けんむせいけん》や南朝の研究が低調になったことが大きいだろう。加えて、護良が歴史の表舞台で活躍した期間が非常に短かったことも挙げられる。

だが、筆者が思うに、何よりも最大の理由は、これだけ歴史に巨大な足跡を残した人物であるにもかかわらず、護良自身に関する謎が非常に多いことであろう。本論でも触れるが、たとえば母親の出自でさえも正確な情報は不明で、いまだに議論

が続いている状況である。

本書が目指すのは、護良親王の事蹟について、信頼できる史料に基づいて実証的に紹介することである。結論が出ていない問題については、できる限り諸説を紹介し、今後の研究の進展のためのたたき台にできればと考えている。筆者の見解も、示せる部分は提示したい。また、護良の遺児である興良《おきよし》親王についても、簡単に説明する。

南北朝時代史は、複雑で難解と評されることが多い。しかし、それは反面、この時代の歴史が豊かで多種多様な要素を内包し、きわめて魅力的な素材に満ちあふれていることも意味する。本書は、護良に限定した小文ではあるが、読者に南北朝期の魅力を少しでも伝えることができればと願う次第である。

二〇一七年二月

亀田俊和

❖シリーズ【実像に迫る】007

征夷大将軍・護良親王　目次

第二部　護良の戦い、興良の戦い……55

護良親王ゆかりの品々

▲護良の所用と伝わる大円山形星兜■和歌山市・淡嶋神社蔵
写真提供：大阪城天守閣

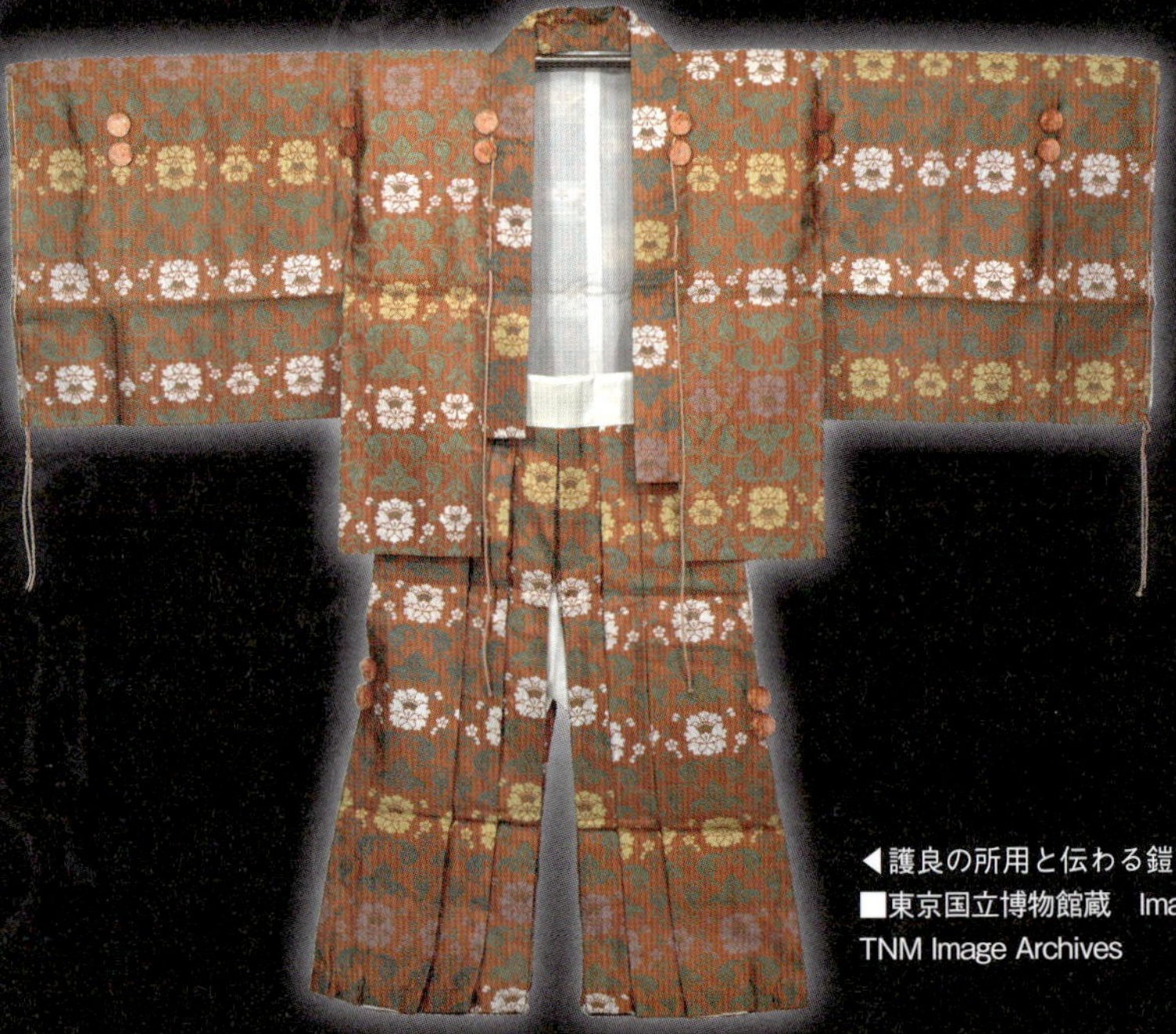

◀護良の所用と伝わる鎧直垂
■東京国立博物館蔵　Image：
TNM Image Archives

▲護良親王鎌倉故事■神奈川県立金沢文庫蔵

▲幽閉された土牢で法華経を誦読する護良■東京都立中央図書館蔵

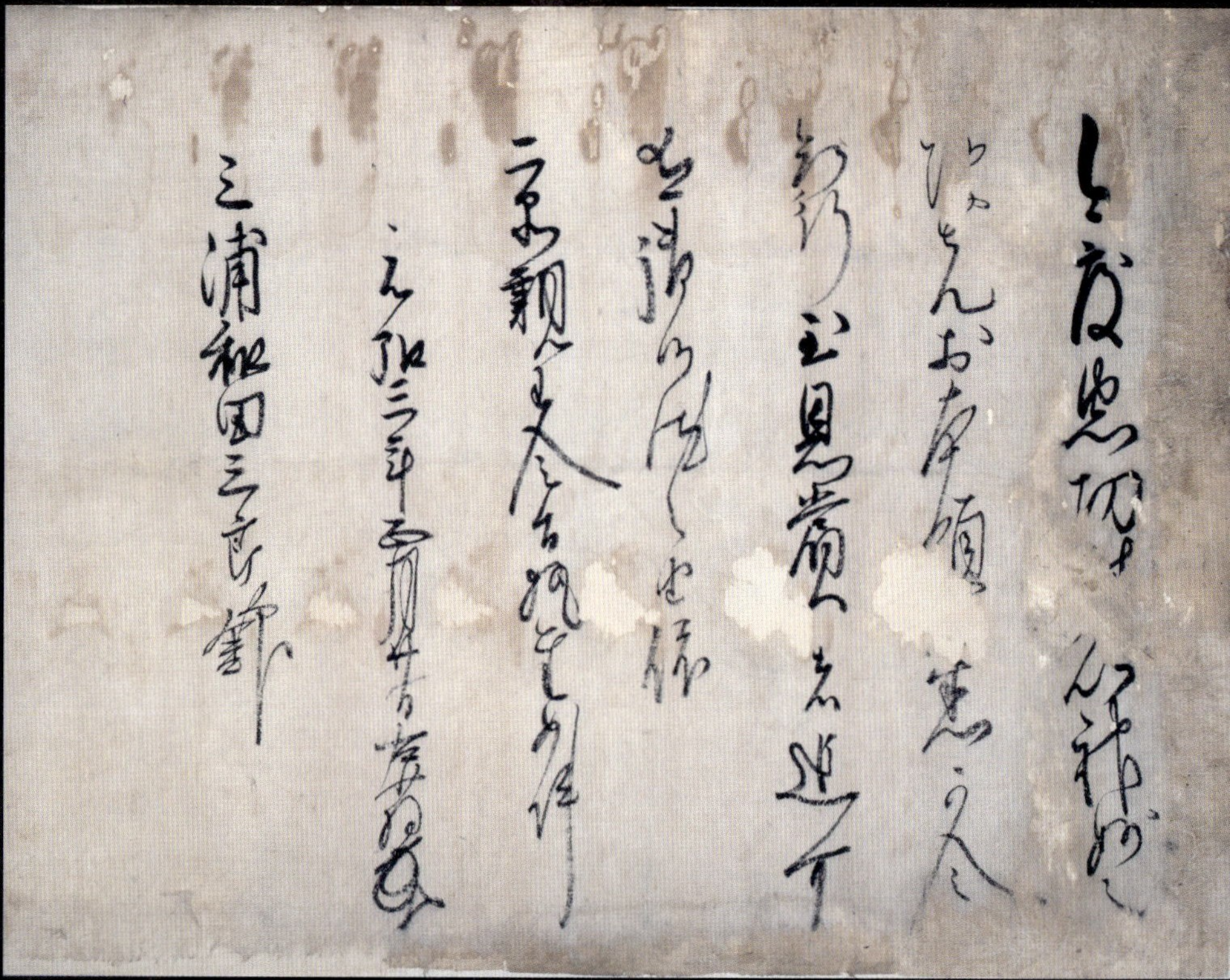

▲元弘３年正月 20 日付け護良親王令旨　三浦和田三郎の忠功を賞し、本領安堵と恩賞を約束したもの 「中条家文書」（目録番号 41）　山形大学小白川図書館蔵

▼元弘３年５月８日付け護良親王令旨　因島法橋幸賀に対し、軍忠を賞したもの　個人蔵　写真提供：尾道市教育委員会

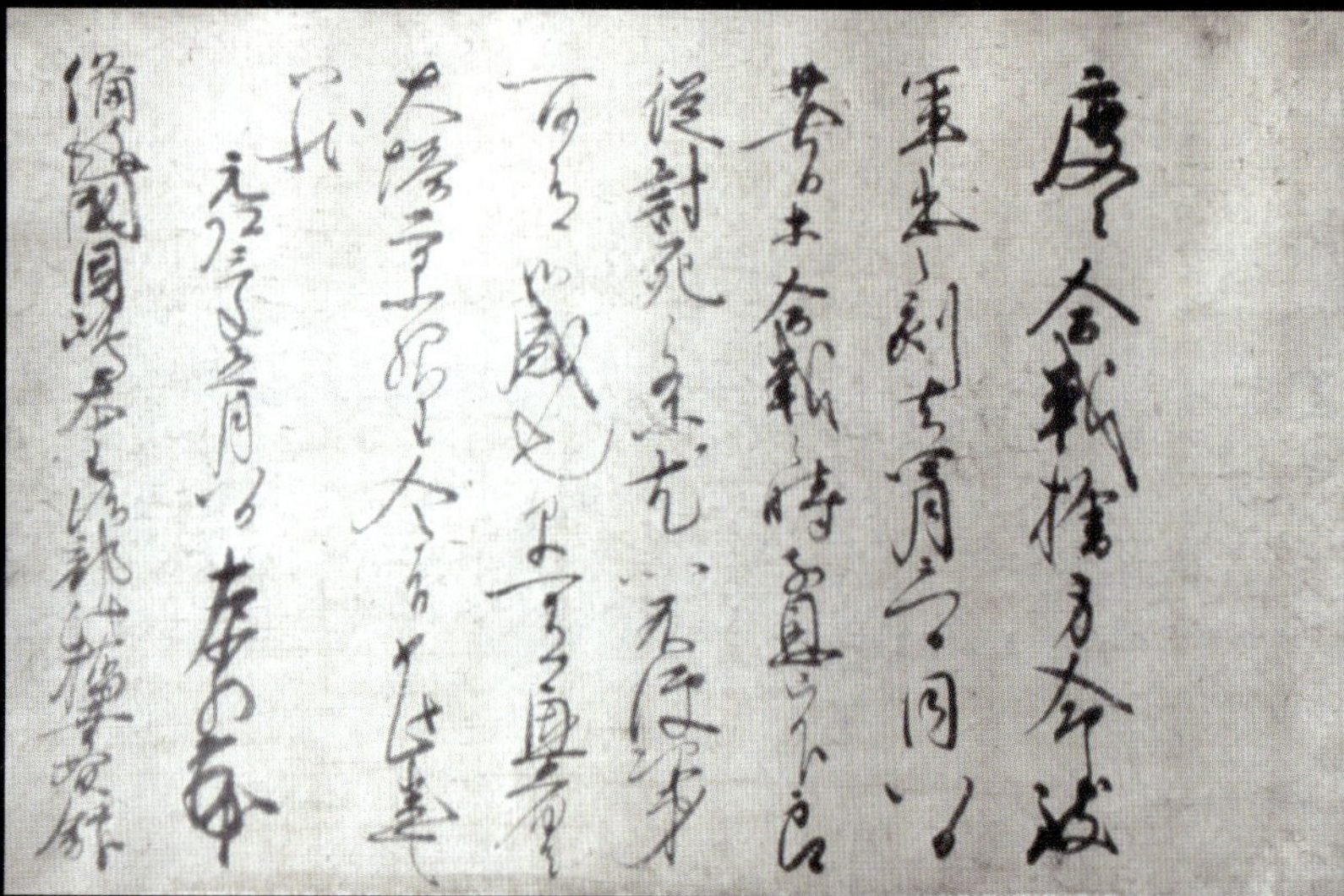

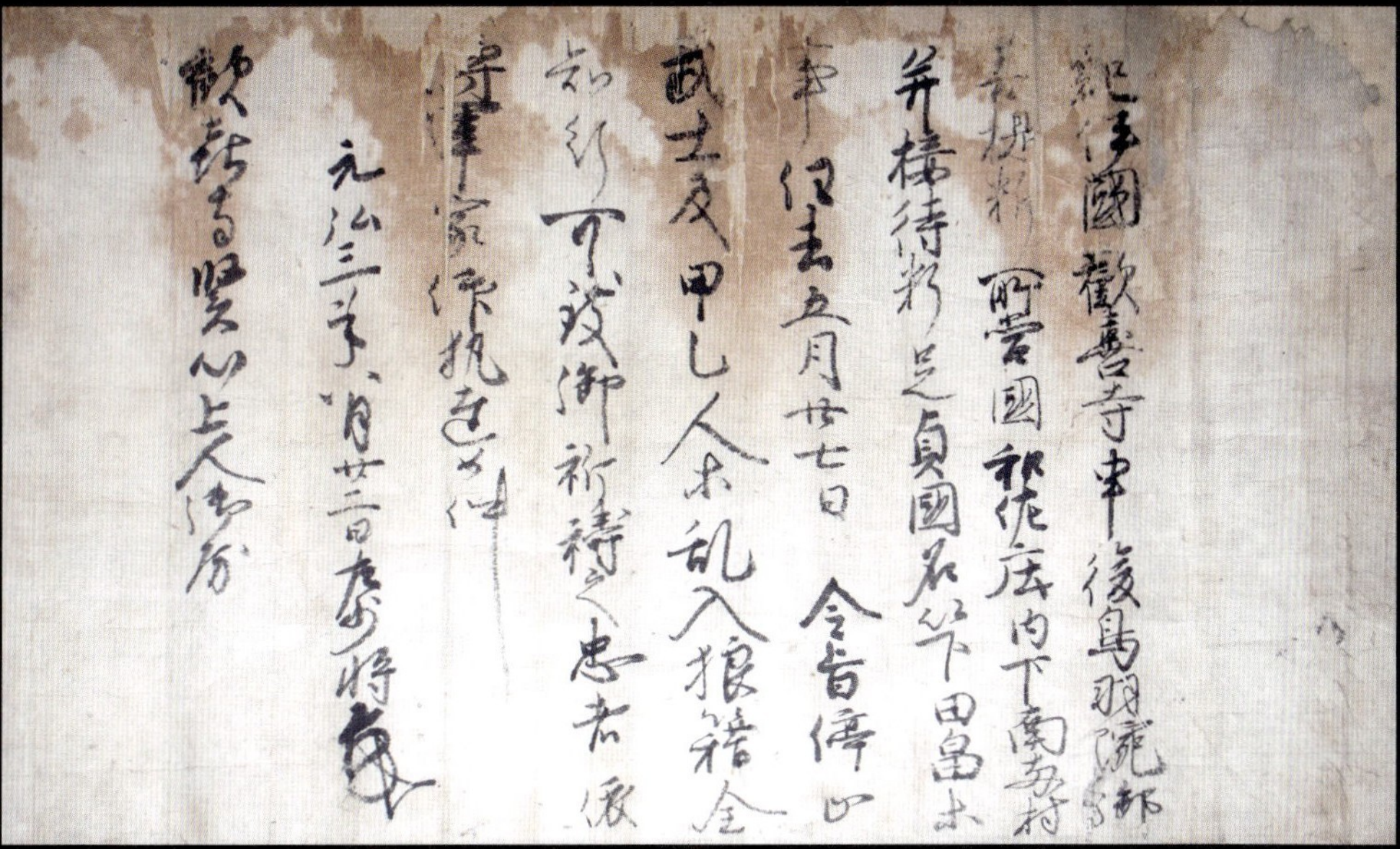

▲元弘３年８月22日付け護良親王令旨　歓喜寺の求めに応じ、その所領への乱入・狼藉を止めるよう命じたもの　「歓喜寺文書」　和歌山市・歓喜寺蔵　写真提供：和歌山市立博物館

▼元弘３年４月１日付け護良親王令旨　永光寺に対して祈祷を命じ、その代わりとして所領の寄進を約束したもの　石川県羽咋市・永光寺蔵

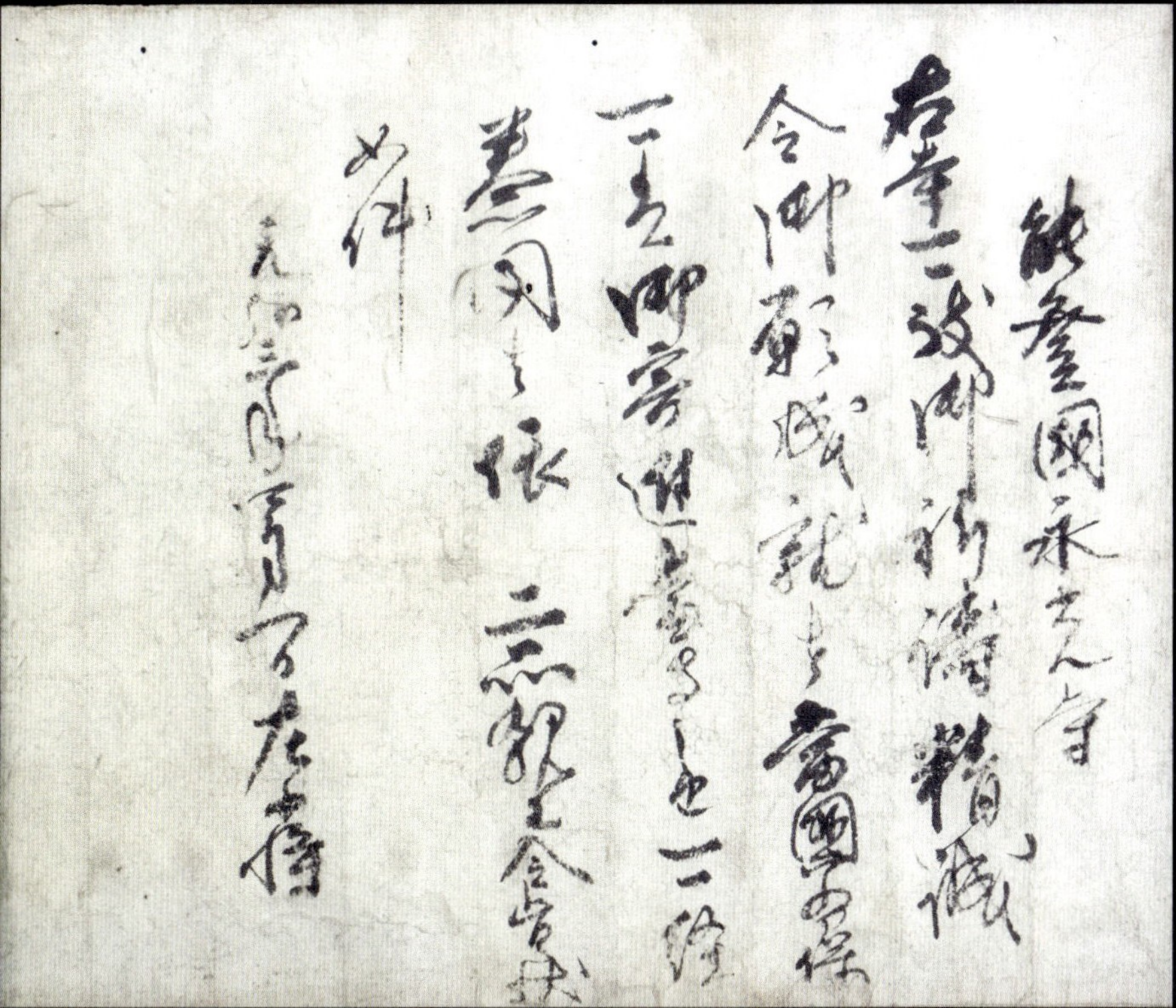

▲護良親王が祀られる鎌倉宮に下賜された明治天皇御宸筆の額　神奈川県鎌倉市・鎌倉宮蔵

◀護良親王像　神奈川県鎌倉市・鎌倉宮蔵

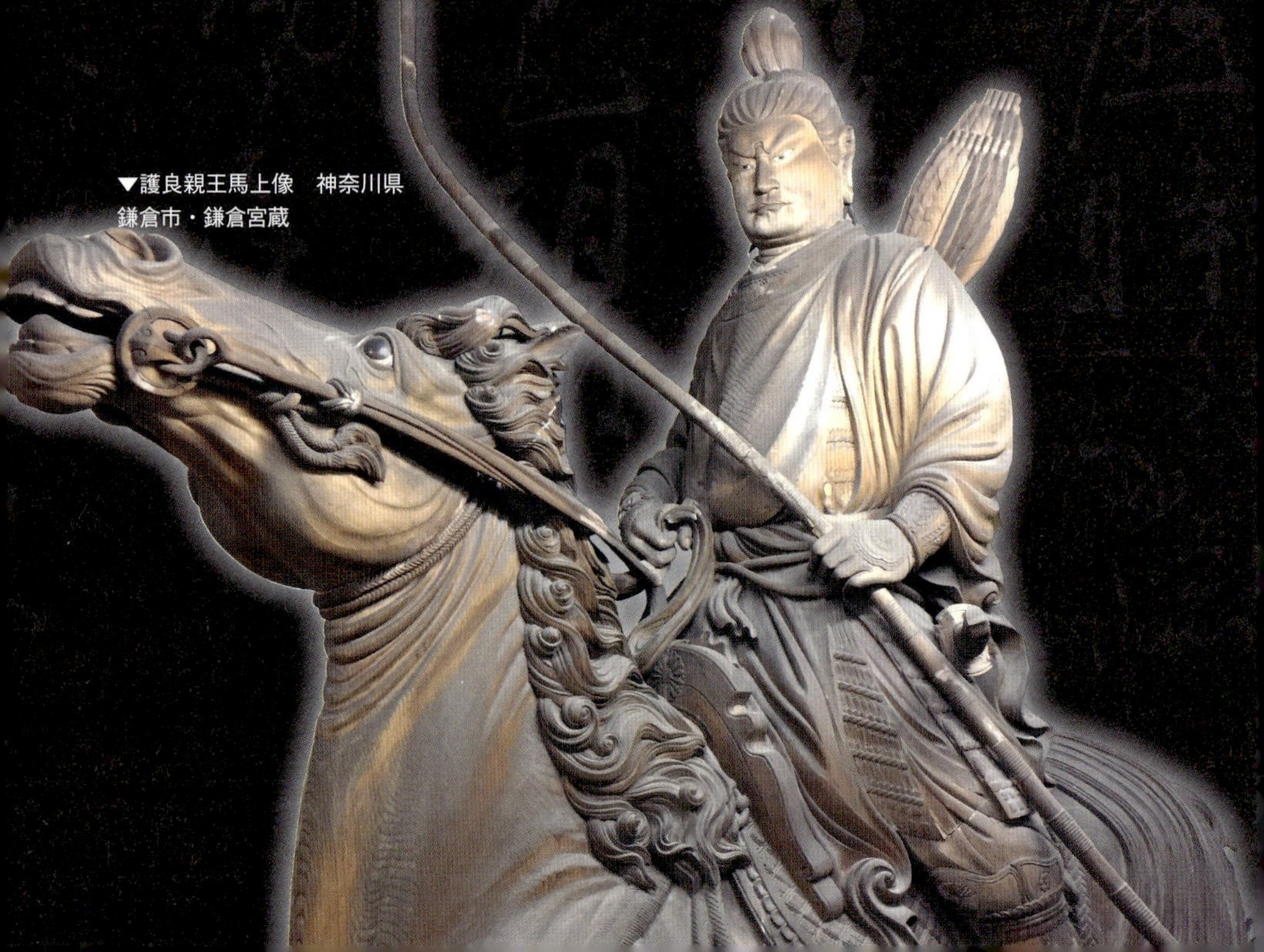

▼護良親王馬上像　神奈川県鎌倉市・鎌倉宮蔵

第一部　倒幕の急先鋒

反鎌倉幕府の気風が強くみなぎる梶井門跡で育ち、元弘の変が勃発すると、父後醍醐天皇に従い挙兵。令旨を盛んに発給し、各所でゲリラ戦を展開するなど、鎌倉幕府打倒に邁進していく。

後醍醐天皇画像■神奈川県藤沢市・清浄光寺（遊行寺）蔵

第一章　天台座主・尊雲法親王

■誕生と母民部卿三位の謎■

大塔宮護良親王《おおとうのみやもりよししんのう》は、延慶《えんぎょう》元年（一三〇八）に誕生したと推定されている。『天《てん》台座主記《だいざすき》』が、彼が初めて天台座主（比叡山延暦寺《ひえいざんえんりゃくじ》のトップ）に就任した嘉暦《かりゃく》二年（一三二七）に数え年で二〇歳と記録しているので、そこから逆算したものである。

父親は、言うまでもなく後醍醐天皇《ごだいごてんのう》である。後醍醐は子だくさんの天皇で、少なくとも二〇人の女性との間に皇子《おうじ》一七人、皇女《こうじょ》一五人の計三二人の子どもを儲けたことが知られている（*1『本朝皇胤紹運録《ほんちょうこういんじょううんろく》』）。

それらの皇子・皇女の中で護良が何番目に誕生したのか、実は正確にはわかっていない。少なくとも、尊良《たかよし》・世良《よよし》という二人の異母兄《いぼけい》が存在したことは確実で、だいたい三番目の皇子であったとする見解が有力であるが、一宮《いちのみや》（最初の皇子）であったとする説も存在する。

護良の母親は、どのような女性であったのか。実は、こうした基礎的な情報からしてすでに謎が多く、現代、なお結論が出ていない難問である。

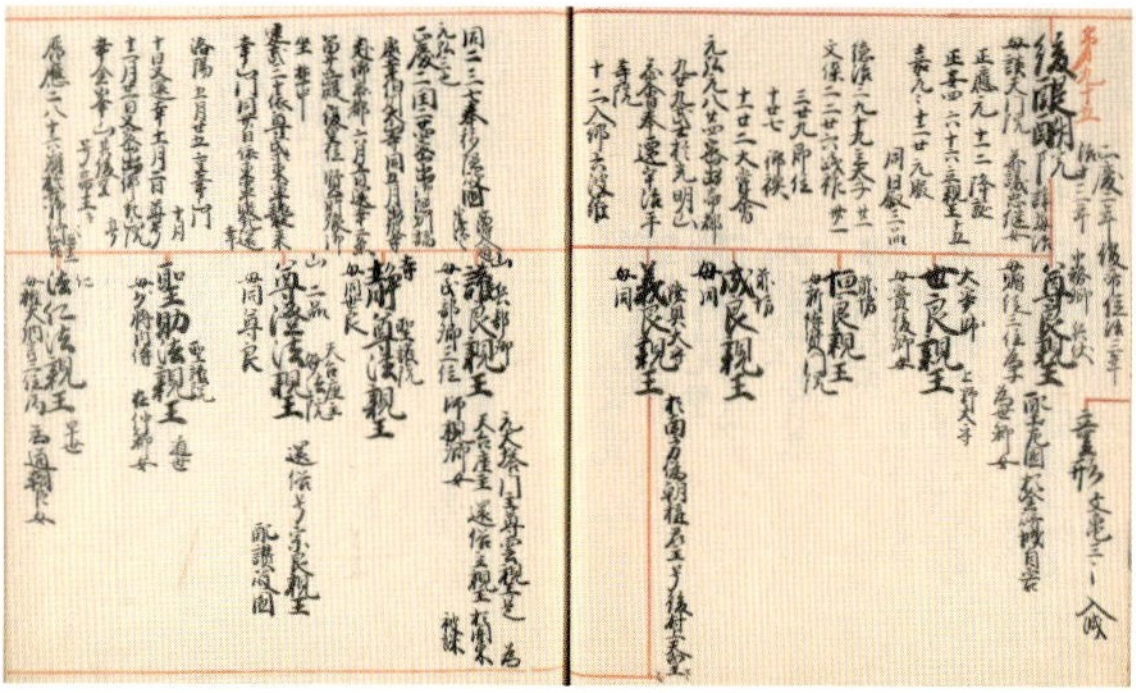

『本朝皇胤紹運録』のうち後醍醐院部分
■国立国会図書館蔵

護良の母に関して現在判明している確実な情報は、民部《みんぶ》卿三位《きょうさんみ》と呼ばれた女性で、亀山《かめやま》天皇（後醍醐の祖父）との間に聖護院准后尊珍法親王《しょうごいんじゅごうそんちんほっしんのう》なる皇子を生み、後に後醍醐の寵愛《ちょうあい》を受けて護良を生んだことである（『増鏡《ますかがみ》』など）。いきなり壮絶なストーリーであるが、この民部卿三位の出自が議論となっているのである。

かつては、『本朝皇胤紹運録』と『尊卑分脈《そんぴぶんみゃく》』の記述を組み合わせ、北畠師親《きたばたけもろちか》[*2]の娘親子とするのが定説であった。この説に従うと、護良はあの南朝の忠臣北畠親房《ちかふさ》と従兄弟の関係となる。さらに、親房は祖父師親の嫡子《ちゃくし》とされたので、護良は親房の義理の甥ということになる。加えて、護良は親房の妹を妻とし、皇子興良《おきよし》親王を儲けたとする所伝も存在する（『太平記《たいへいき》』巻第三四）。

つまり、護良と親房は濃密な血縁関係にあったことになり、これが後年の陸奥《むつ》将軍府《しょうぐんふ》（建武政権《けんむせいけん》の東北地方統治機関）の設置を護良が主導したとする説の根拠の一つともされたのである。

しかしその後、国文学《こくぶんがく》方面で研究が進展し、護良の母民部卿三位と北畠親子が別人であることが判明した。前述の『本朝皇胤紹運録』でも、尊珍法親王の母親は「従三位《じゅさんみ》資子」とされ、親子ではない。

一方、日本史学においても、『東寺本《とうじぼん》天台

『本朝皇胤紹運録』のうち護良親王部分■国立国会図書館蔵

＊1本朝皇胤紹運録■後小松上皇の命により洞院満季が編纂した天皇家の系図で、応永三三年（一四二六）に完成した。戦国時代には三条実隆によって増補がおこなわれている。

＊2北畠師親■北畠雅家の子で、北畠親房の祖父。正応二年（一二八九）に亀山天皇が出家すると、同じく出家した。

護良の母民部卿三位を描く「民部卿三位局御夢想事」■『太平記絵巻』 埼玉県立歴史と民俗の博物館蔵

座主記』（山城東寺文書乙号外）で護良の母が「三品《さんぽん》藤原経子」と記されていることから、平田俊春が藤原経子説を主張した。森茂暁は平田説をさらに発展させ、護良の母を日《ひ》野《の》経《つね》光《みつ》の娘経子としている。

系図1　護良親王の姻戚関係図

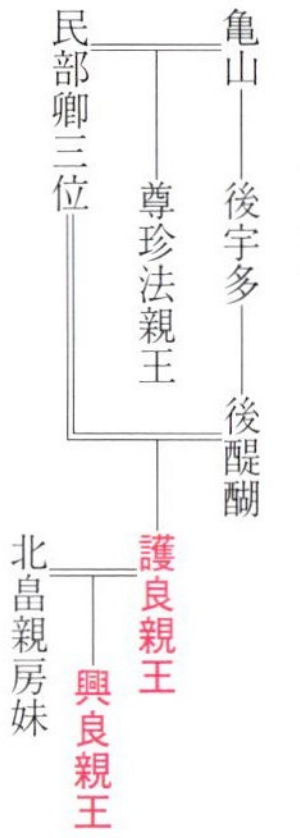

だが、岡野友彦が森説を批判し、北畠師親には親子以外に民部卿三位と呼ばれた娘が存在し、これが護良の母であるとする説を唱えた。さらに岡野は、この民部卿三位が護良を生んだ後に、後醍醐天皇の寵臣《ちょうしん》にして「後三房《ごさんぼう》」の一人に挙げられた吉田定房《よしださだふさ》と再婚し、少なくとも元弘《げんこう》三年（一三三三）まで生存したとする見解も主張する。

結局、護良の母の比定に際しては、『本朝皇胤紹運録』と『東寺本天台座主記』のどちらを信用するかという問題である。前者を採用すると岡野説（北畠師親娘）となり、後者だと森説（日野経子）となる。筆者はその可否を判断する能力を持っていないので、結論を留保せざるをえない。

ただし、一つ言えるのは、母親の出自さえよくわかっていない護良は、おそらくは当初から、後醍醐の皇位継承者として想定されていなかったと思われることである。この点は、後にもう一度触れたい。なお余談ながら、後年、室町幕府の初代執《しつ》事《じ》として大活躍した高師直《こうのもろなお》は、民部卿三位が住んでいた京《きょう》都《と》一条今出川《いちじょういまでがわ》に豪邸

亀山天皇■後醍醐天皇の祖父であり、また、護良の母民部卿三位との間に尊珍を儲けている　「天子摂関御影」　宮内庁三の丸尚蔵館蔵

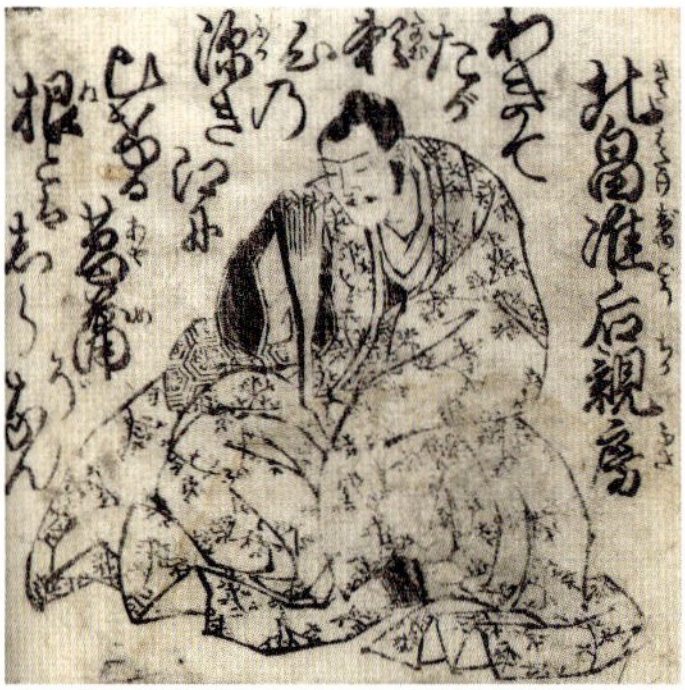

『続英雄百首』に描かれた北畠親房■当社蔵

を構えたという（『太平記』巻第二六）。

■両統迭立により激化する皇位継承者競争■

護良が生まれ育った鎌倉時代後期の朝廷《ちょうてい》は、まさに両統迭立《りょうとうてつりつ》の真っ只中にあった。そこで、この両統迭立などについて簡単に紹介しておこう。それによって、護良の歴史上における位置づけも明確になると考えるからである。

まず、八八代後嵯峨《ごさが》天皇（邦仁《くにひと》）には、久仁《ひさひと》親王と恒仁《つねひと》親王という二人の皇子がいた。後に久仁は八九代後深草《ごふかくさ》天皇に、恒仁は九〇代亀山天皇となった。後嵯峨は彼らの在位中、退位していたにもかかわらず、治天《ちてん》の君《きみ》として朝廷の政治を主導した。こうした政治形態を「院政《いんせい》」という。

系図2　皇室略系図

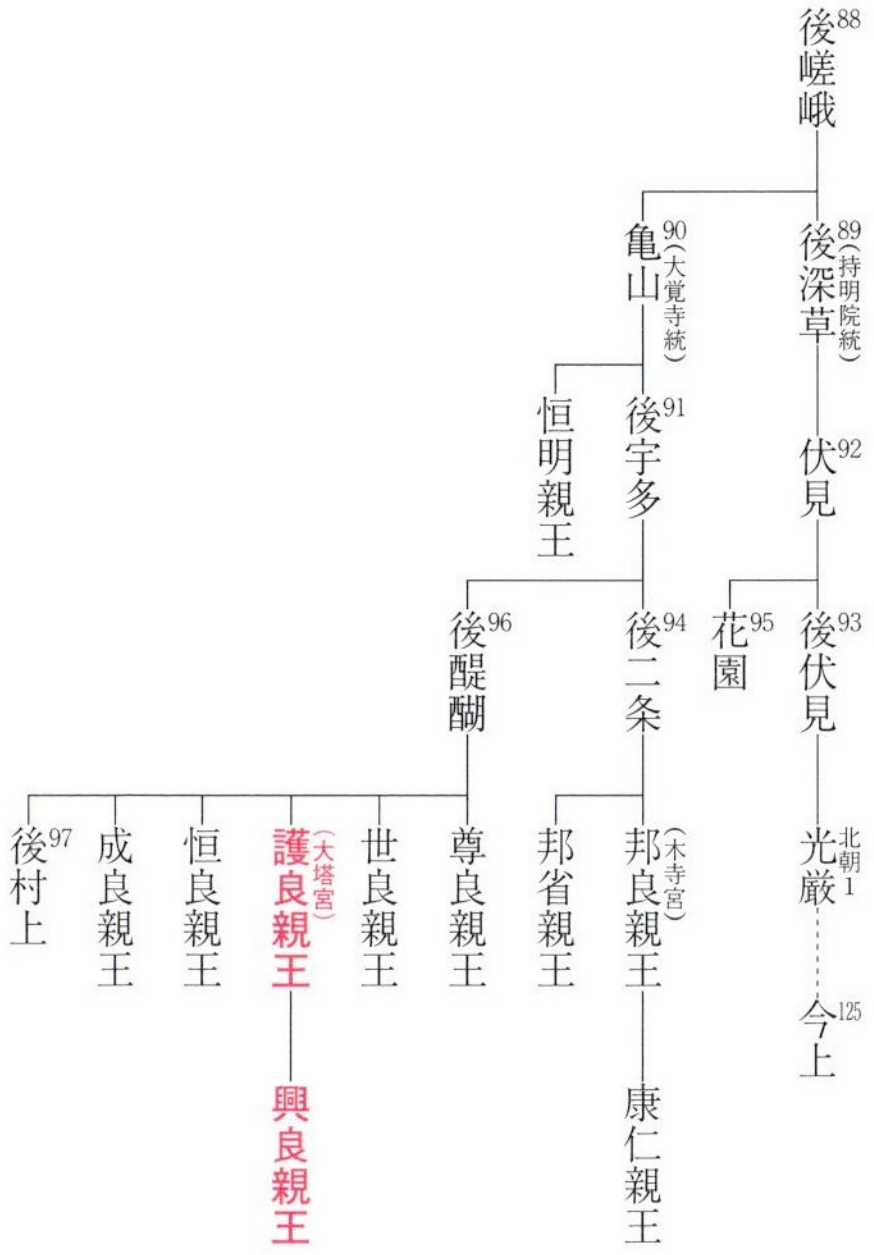

だが文永《ぶんえい》九年（一二七二）、

後嵯峨天皇■「天子摂関御影」　宮内庁三の丸尚蔵館蔵

後嵯峨天皇陵■京都市右京区

後嵯峨上皇《じょうこう》が後継者を決めないまま崩御《ほうぎょ》してしまった。このときは、鎌倉幕府が後深草・亀山兄弟の生母である大宮院《おおみやいん》に後嵯峨の遺志を確認し、亀山天皇が親政《しんせい》をおこなうことで決着した。亀山が退位して亀山の皇子世仁《よひと》親王が即位（九一代後宇《ごう》多《だ》天皇）した後は、亀山上皇が院政をおこなった。

しかし、このとき幕府が介入したことが先例となって、以降の皇位継承は幕府の意向を無視できなくなった。後宇多の後、九二代は伏見《ふしみ》天皇（後深草皇子熙仁《ひろひと》）、九三代は後伏見《ごふしみ》天皇（伏見皇子胤仁《たねひと》）が皇位に就いたが、九四代は後二条《ごにじょう》天皇（後《ご》宇多《うだ》皇子邦治《くにはる》）で、ふたたび亀山系統から即位した。九五代は花園《はなぞの》天皇（後伏見弟富《とみ》仁《ひと》）で、後深草系統からの登板である。

このような、分裂した二つの王朝《おうちょう》から交互に君主《くんしゅ》が即位する特異な政治形態を「両統迭立」という。兄の後深草系統が持明院統《じみょういんとう》（後の北朝《ほくちょう》）であり、弟の亀山系統が大覚寺統《だいかくじとう》（後の南朝《なんちょう》）である。

持明院統と大覚寺統は、皇位を事実上決定していた鎌倉幕府に政権を担当する能力があることをアピールするため、競い合うように朝廷の訴訟制度改革をおこなった。これが、鎌倉後期の公武徳政《こうぶとくせい》政策に帰結し、両統迭立は政道《せいどう》を興隆させた有意義な側面もある。

しかし、大局的には皇位継承を不安定化させ、政治を混乱させた負の側面が存在したことは否めない。加えて、世代を経るごとにそれぞれの系統も分裂を繰り返し、

（右）持明院仙洞御所跡■京都市上京区・光照院　（左）大覚寺■京都市右京区
それぞれ各統の名称のもとになった

皇位継承競争を一層激化させた。しかもこの分裂は、後醍醐が所属する大覚寺統において、より深刻であった。

■中継ぎの君主・後醍醐■

文保《ぶんぽう》二年（一三一八）、花園天皇が退位し、後宇多の皇子尊治《たかはる》親王が即位した。これが、九六代後醍醐天皇である。即位当初は、父後宇多上皇が院政をおこなった。

しかし、後醍醐の即位は、本来は予定されていなかったことであった。大覚寺統では、後醍醐の兄後二条が嫡流《ちゃくりゅう》とされ、後宇多は後二条の系統が皇位を継承することを希望していた。だが、後二条皇子の邦良《くによし》親王が幼少で病弱であったので、邦良が成人するまでの中継ぎの天皇として後醍醐が即位したのである。そのため、後醍醐の皇太子《こうたいし》（次期天皇予定者）には、当初は甥の邦良が就いた。

後醍醐天皇画像■神奈川県藤沢市・清浄光寺（遊行寺）蔵

（右）後醍醐の父後宇多天皇■「天子摂関御影」宮内庁三の丸尚蔵館蔵　（左）後宇多天皇陵■京都市右京区

近年、後醍醐は単なる一代限りの中継ぎではなく、後宇多が彼を「准直系《じゅんちょっけい》の傍《ぼう》系《けい》」と見なし、彼の子孫が皇位を継承する可能性も留保していたとする見解も存在する。しかし、いずれにしても後醍醐の立場が不安定であったことは変わらないだろう。むしろ、こうした微妙な位置に置かれたことで、かえって後醍醐のストレスは増大したのではないか。

元亨《げんこう》元年（一三二一）一二月には後宇多院政が停止され、後醍醐の親政が開始された。後醍醐もそれまでの両統迭立の伝統を踏まえ、かなり意欲的な政治を推進したが、中継ぎの君主としての微妙な立場は解消されなかった。

元亨四年六月二五日に後宇多が崩御する少し前から、潜在していた後醍醐と邦良の不和が顕在化した。持明院統の花園上皇*は、両者の不和に廷臣たちが恐怖心を抱く様相を日記に記している。

正中の変の真相

後宇多の崩御からわずか三ヶ月後の元亨四年（一三二四）九月、後醍醐の一回目の倒幕計画が発覚した。このとき、後醍醐は幕府の処分を何とか免れたが、廷臣日野資朝《すけとも》が佐渡島《さど》（新潟県佐渡市）に流罪《るざい》となった。この年の一二月に「正中《しょうちゅう》」と改元《かいげん》されたので、この政変は「正中の変」と呼ばれている。正中の変は歴史上著名

後醍醐の兄後二条天皇陵■母は西華門院基子。正安三年（一三〇一）に即位するも、徳治三年（一三〇八）に二四歳で崩御した　京都市左京区

＊花園天皇■延慶元年（一三〇八）に後二条天皇の後をうけて即位した。自身の日記『花園天皇宸記』は、鎌倉時代末期の政治史や社会動向を知る上で重要な史料である。また、文化面にも明るく、勅撰集『風雅和歌集』の監修などもおこなった。

な事件で、後醍醐が即位当初から倒幕を志向していたとする説の有力な根拠とされてきた。

　しかし近年、正中の変は、実は後醍醐天皇の倒幕運動ではなかったとする注目すべき見解が発表された。河内祥輔によれば、美濃《みの》国の土岐《とき》氏庶流が「謀反人《むほんにん》」とされて京都で討たれ、黒幕の容疑が後醍醐にかけられたのは確かであるが、これは本当に冤罪《えんざい》で、そのため幕府も無実の後醍醐を処罰しなかったという。この事件はむしろ、持明院統や大覚寺統の邦良親王派が後醍醐を退位に追い込むために仕掛けた謀略であった可能性さえ存在するらしい。

　筆者も、河内説は大筋において妥当であると考える。後述するように、当初後醍醐は、西園寺《さいおんじ》氏を介して幕府との関係を強化することによって、皇位継承を確実にする戦略を採っていた形跡が存在する。正中の変は、幕府滅亡の原因を結果論的に遡及させた『太平記』による恣意的な解釈であり、これもまた、『太平記』史観の一つなのである。

■大覚寺統の分裂■

　嘉暦《かりゃく》元年（一三二六）、皇太子邦良が二七歳の若さで薨去した。それをうけて、後任の皇太子には四人もの候補者が推薦された。

『前賢故実』に描かれた日野資朝■国立国会図書館蔵

日野家の菩提寺・法界寺■親鸞誕生の地としても知られる　京都市伏見区

一人目は尊良親王で、後醍醐の一宮とされる皇子である。彼の母親は、権大納《ごんのだいな》言《ごん》二条為世《にじょうためよ》の娘為子である。為世は和歌界の大御所で、後醍醐は和歌を通じて二条家との関係を深めたといわれる。

二人目は、*邦省《くにみ》親王である。彼は邦良の同母弟で、後醍醐よりも大覚寺統の嫡流に近い人物である。

三人目は恒明《つねあき》親王であるが、この皇子はかなりユニークな人物である。嘉元《かげん》元年（一三〇三）、亀山法皇が五五歳のときに生まれた末子であり、後醍醐の叔父にあたるが、後醍醐よりも一五歳も年下、亀山の曽孫の邦良よりも三歳年下であった。亀山はこの末子を溺愛し、嘉元三年に恒明を将来的に皇太子にすることを後宇多上皇と伏見上皇に強引に認めさせた。同年に亀山が崩御したため、この約束は反故《ほご》とされたが、恒明はその後も皇位継承候補として一定の勢力を保っていた。

四人目は量仁《かずひと》親王で、持明院統の後伏見上皇の第一皇子である。こうして見ると、持明院統よりも大覚寺統の分裂のほうが深刻であったことがよくわかる。このとき、幕府が皇太子に選んだのは量仁であったが、後醍醐は持明院統どころか、身内の大覚寺統内部にさえ強力なライバルをたくさん抱えていたのである。これも倒幕の大きな原因とされており、確かにそうした側面は存在する。

しかしながら、この段階においても、後醍醐は依然として幕府との協調を模索していたと筆者は考える。その理由を次に述べよう。

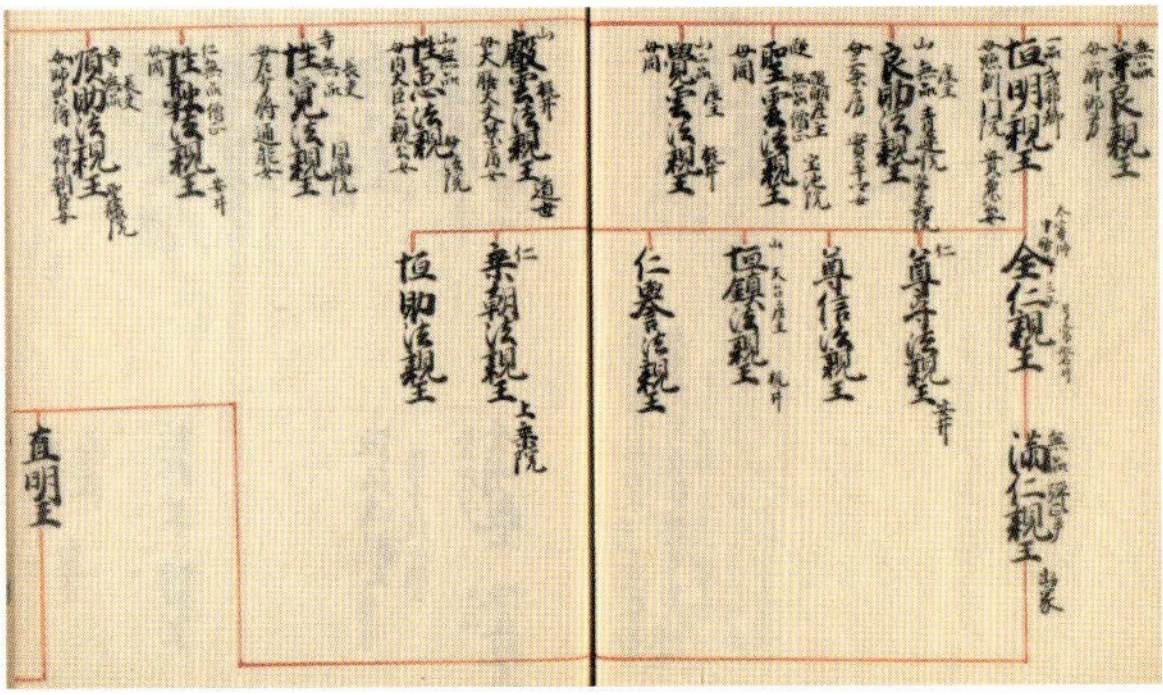

『本朝皇胤紹運録』のうち恒明親王部分■母は西園寺実兼の娘照（昭）訓門院と記されている　国立国会図書館蔵

*邦省親王■後二条天皇の子で、兄邦良が亡くなると洞院満泰とともに立太子を図ったが、果たせず不遇をかこった。子に廉仁王がいるが、その後の動きは不明で、邦省の流れは断絶したものと思われる。

■倒幕の契機となった世良親王の夭折■

量仁の立太子後、尊良は後醍醐の後継者候補からはずされたらしい。後年、元弘《げんこう》の変が発覚すると、彼は鎌倉幕府によって土佐《とさ》国に流される。しかしやがて、九州に出現して倒幕活動を展開する。そして、建武の新政《しんせい》を経て足利尊氏が謀反を起こすと、新田義貞《にったよしさだ》とともに官軍の大将として東国に遠征した。義貞が北陸へ没落すると同行し、建武四年（一三三七）三月、越前《えちぜん》国金ヶ崎《かねがさき》城（福井県敦賀市）が室町幕府軍の猛攻撃を受けて陥落した際、新田義顕《よしあき》（義貞の子）とともに自害した。

次いで、後醍醐の有力な後継者候補となったのは、二宮《にのみや》世良親王である。世良の母親は、西園寺実俊《さねとし》の娘である。実俊は、関東申次《かんとうもうしつぎ》を務める親幕公卿《しんばくくぎょう》の西園寺実兼《さねかね》の弟であった。関東申次とは、朝廷と幕府の交渉を担当する役職で、これを代々務めた西園寺氏は、鎌倉後期の朝廷で絶大な権勢を誇った。

世良は優れた資質を持つ皇子だったらしい。父後醍醐も大きな期待をかけ、記録所《きろくじょ》や議定《ぎじょう》など、朝廷の重要な政務機構でおこなわれる会議に同行させていたという。世良の「世」の字も、祖父後宇多の実名「世仁《よひと》」にちなんだと考えられる。後宇多は、ライバルであった持明院統の花園にまで「末代《まつだい》の英主《えいしゅ》」と称賛された優秀な君主である。近年の研究では、後醍醐の政策の多くが、後宇多の路線を発展的に継承したものであったことが解明されてきている。

（右）尊良親王が新田義顕等とともに籠もった金ヶ崎城跡■福井県敦賀市　（左）金ヶ崎城に残る尊良親王自刃の地

また、派閥的にも、かつて恒明親王を支持した勢力の多くが世良派に転じた模様で、かなり有力であった。北畠親房もその一人で、世良の養育係を務めている。世良が後継者候補となったのは、能力や支持勢力の存在だけではなく、やはり母親の出自が大きかったと筆者は考える。幕府と緊密な関係を維持する西園寺氏の血をひく世良ならば、幕府も皇位継承を認める可能性が高いと後醍醐は読んだのではないだろうか。具体的には、皇太子量仁が即位した次の皇太子に世良を据える狙いであろう。

そもそも、後醍醐の中宮《ちゅうぐう》（天皇の正妻）も、西園寺実兼の娘禧子[*1]であった。皇太子時代の後醍醐が、西園寺邸から盗み出したといわれる女性である。後醍醐は禧子と子作りに励み、彼女の懐妊の祈祷を頻繁におこなったことも、以前から指摘されている。

結果的に、禧子との間には皇子は誕生しなかった。だが、西園寺氏を介して鎌倉幕府との友好関係を模索し、自身の子孫への皇位継承を目指す後醍醐からは、必ずしも倒幕一辺倒ではない現実的な姿勢がうかがえる。

しかし、元徳二年（一三三〇）九月、後醍醐以下、周囲の大きな期待を集めていた世良が薨去《こうきょ》した。後醍醐の悲しみや歎きはもちろん甚大であった。これにより、養育係の北畠親房も、出家して一時政界を引退している。

しかもこれで、後醍醐が皇太子量仁に譲位した場合、次の皇太子は康仁《やすひと》[*2]親王（大

絹掛神社■尊良・恒良両親王を祀る金ヶ崎宮の摂社で、新田義顕以下三二一名の将兵を祀る　福井県敦賀市

＊1西園寺禧子■後醍醐天皇の中宮で、懽子内親王を生んだ。当初は後醍醐の寵愛をうけるも、後に阿野廉子にその座を奪われた。後醍醐が隠岐に流されると北朝から女院宣下をうけ礼成門院と称すも、後醍醐が帰京すると再び中宮となり、死後は後京極院の号を贈られた。

覚寺統嫡流。邦良親王の嫡子）、あるいは前述の邦省となる可能性がきわめて高くなった。つまり、後醍醐流が皇統から排除されることがほぼ確定してしまったのである。おまけに、当時の天皇の平均的な在位期間である一〇年も超え、彼の退陣を要求する持明院統の圧力も日増しに強まっていた。後醍醐は、鎌倉幕府の決定でいつ退位させられてもおかしくない状況に陥ったのである。

　こうした状況を打開するため、後醍醐はこの前後から倒幕の陰謀をめぐらし始めた。従来はほとんど指摘されていないが、世良の夭折は、倒幕の契機として非常に大きかったのではないだろうか。

■梶井門跡に入室する■

話を護良に戻そう。母親の出自だけではなく、護良の生い立ちについての情報はかなり少ない。

　護良は、まず梶井《かじい》（梨本《なしもと》）門跡《もんぜき》に入室した。入室の時期は不明である。森茂暁は、元亨三年（一三二三）頃と推定している。これに従うと、護良が一五歳頃の出来事となる。当初は、「尊雲《そんうん》法親王」と称した。

　梶井門跡とは、比叡山延暦寺の末寺である。妙法院《みょうほういん》・青蓮院《しょうれんいん》とともに、天台《てんだい》宗《しゅう》三門跡の一つに数えられ、延暦《えんりゃく》七年（七八八）に最澄《さいちょう》が比叡山東塔《とうとう》に開創した。

＊2康仁親王■邦良親王の嫡子で、光厳天皇の皇太子となったが、鎌倉幕府が滅亡すると、後醍醐により廃された。後に北朝の下で木寺宮家の祖となった。

臨川寺■夭折した世良親王の菩提を弔うため、父の後醍醐天皇が夢窓疎石を開山として建立した禅宗寺院。臨済宗天龍寺派に属す。足利尊氏によって十刹に列せられた。現在は非公開となっている　京都市右京区

大塔跡の基壇石■京都市左京区

大治《だいじ》五年（一一三〇）、堀河《ほりかわ》天皇の皇子最雲《さいうん》法親王が住持《じゅうじ》となって以降、皇族が住持を務める門跡寺院となった。

　梶井門跡は、各地を転々と移転しており、護良の時代には、現在の京都市左京区岡崎の京都市動物園内にあった＊1法勝《ほっしょう》寺《じ》の付近に位置していた。法勝寺には約八一メートルの高さを誇る九重塔（大《おお》塔《とう》）がそびえ立っており、当初、護良はこの大塔のそばにあった梶井門跡の子《し》房《ぼう》「大塔」に入室した。護良を「大塔宮」と称するのは、そのためである。ちなみに応仁《おうにん》元年（一四六七）、梶井門跡は京都市左京区大原に移転し、明治四年（一八七一）に「三千院《さんぜんいん》」と改称した。

　後醍醐は、護良を比叡山門下の有力寺院に送り込むことによって、ゆくゆくは護良を介して天台宗を自己の影響下に置くことを期待したと考えられる。ただし、護良入室の時点で後醍醐が倒幕の意志まで固めていたとする見解については、前述し

三千院■梶井門跡は創建以来、火災等により各地を転々とした。明治四年（一八七一）に現在の大原に移り、三千院と称するようになった　京都市左京区

＊1法勝寺■白河天皇により承保三年（一〇七六）に建立された寺院で、六勝寺の一つ。鎌倉時代になって寺勢が衰えたが、後醍醐天皇が復興を図り、嘉暦元年（一三二六）に円観を勧進職に任じている。

たように筆者は疑問を抱いている。ちなみに、護良異母弟の尊澄《そんちょう》法親王（尊良の同母弟）も、妙法院に入室している。これが後に室町幕府と戦って東国を転戦し、二条派直系の優れた歌人武将としても著名な宗良《むねよし》親王である。

■反幕の気風みなぎる「大塔」■

梶井門跡に入室した護良は、*2承鎮《しょうちん》法親王の弟子となり、天台座主親源《しんげん》（北畠雅《まさ》家《いえ》の子息）より受法灌頂《じゅほうかんじょう》を受け、仲円僧正《ちゅうえんそうじょう》に顕教《けんぎょう》を学んだ（前掲『東寺本天台座主記』）。

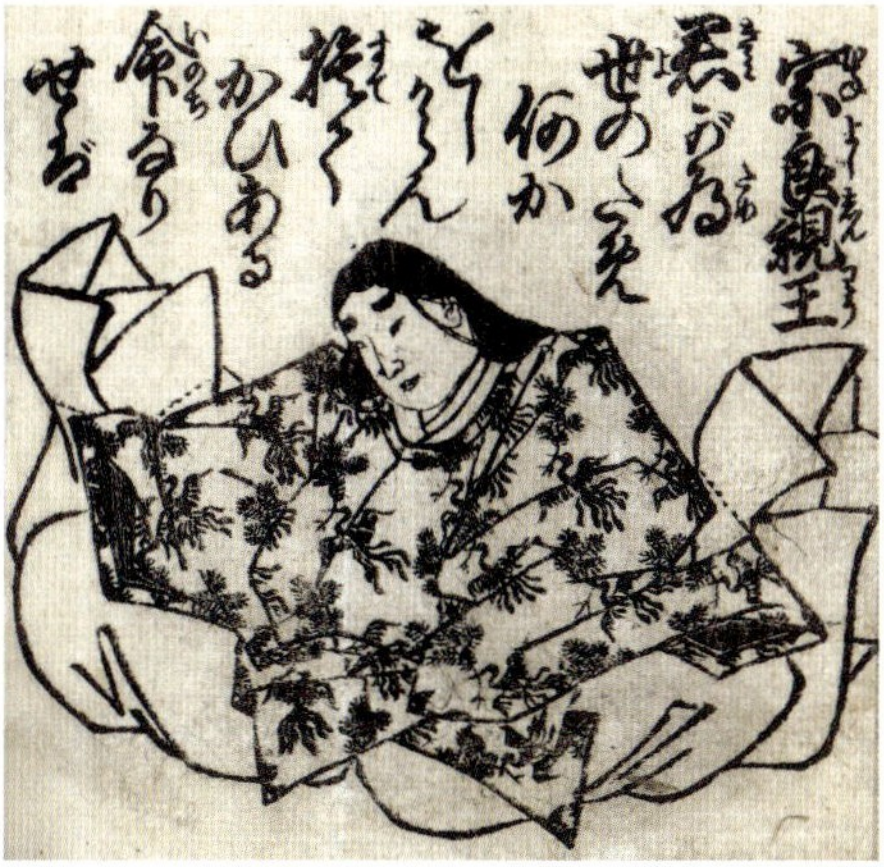

護良の異母兄宗良親王■『英雄百首』　当社蔵

承鎮は、承久《じょうきゅう》の乱を起こして鎌倉幕府と戦った後鳥羽《ごとば》上皇の曽孫かつ順徳《じゅんとく》天皇の孫である。順徳は強硬な主戦派であり、幕府に敗北すると佐渡島に流された。仲円も、一山無双《いっさんむそう》の碩学《せきがく》と言われたほど学問に秀でた僧侶であり、後年の元弘の変に際しては、越後国へ配流された。

さらに、子房「大塔」の祖師は*澄覚《ちょうかく》法親王という皇族で、彼は後鳥羽の孫で雅《まさ》

*2承鎮法親王■彦仁王の子で、梶井門跡尊忠の弟子。後宇多法皇の猶子となり、正中三年（一三二六）には天台座主に就任した。

妙法院■天台三門跡の一つで、後高倉院皇子の尊性法親王入寺後は、皇族が入寺する門跡寺院として確立した　京都市東山区

成《なり》親王の子であった。雅成も、承久の乱の後に但馬《たじま》国に配流された。護良が入室した当時、澄覚はすでに薨去していたので直接の面識はなかったが、伝統ある子房の開祖ということで、護良に与えた精神的影響は大きかったであろう。

つまり、護良が入った当時の梶井門跡は、承久の乱における敗者が支配的な寺院で、反幕的な気風が強くみなぎっていたと考えられるのである。このような雰囲気の寺院で育った護良もまた、幕府に対する反感を強く抱いたであろうことは容易に想像できる。

前述したように、父の後醍醐天皇は必ずしも倒幕一辺倒ではなく、世良を後継者候補として幕府との融和

雅成親王の墓■兵庫県豊岡市　写真提供：豊岡市立歴史博物館

＊澄覚法親王（前ページ）■母は藤原親経の娘。梶井門跡尊快法親王の法嗣で、文永二年（一二六五）に天台座主に就任した。亀山天皇の護持僧にも任じられている。

比叡山絵図■京都側から見た比叡山を描く　個人蔵

を目指すなど、現実的な姿勢も有していた。しかし、護良が父帝以上に鎌倉幕府、そしてとくに足利氏のような東国武士に対して強硬に敵対する姿勢を見せたのは、彼の生い立ちと密接な関係があったと思われるのである。

正中二年（一三二五）一一月二五日、護良は梶井門主となった（同年同月同日付梶井門跡勘注状、山城三千院文書）。時に一八歳である。嘉暦二年（一三二七）一二月六日には三品に叙され（『*釈《しゃっ》家《け》官班《かんぱん》記《き》』）、同時に天台座主に任命された（『天台座主記』）。天台座主とは、比叡山延暦寺のトップの地位であり、護良二〇歳の出来事であった。

嘉暦四年二月一一日、護良は一年

＊釈家官班記■伏見天皇の子尊円法親王が文和四年（一三五五）にまとめた書で、僧官等の起源や昇進の次第を実例とともに記している。

北条義時夫妻の墓■静岡県伊豆の国市。義時は北条時政の子で、源頼朝の妻政子の弟。鎌倉幕府の第二代執権となった。第三代将軍源実朝の横死後、将軍の後継者問題を発端として後鳥羽上皇の怒りを買い、朝敵とされたことから承久の乱が起こるも、大軍を派遣し打ち破った

大塔宮護良親王御遺蹟の碑■滋賀県大津市・延暦寺

あまりで天台座主を辞任し、桓守《かんしゅ》（太政《だじょう》大臣《だいじん》洞院《とういん》公守《きんもり》の子息）と交代した（『天台座主記』）。辞任の理由は不明だが、前月に慈《じ》道《どう》法親王（亀山皇子）が幕府の執奏によって青蓮院門跡を辞任したこととの関係が指摘されている。しかしこの年の末、元徳元年（一三二九）一二月二四日に護良は座主に返り咲く（『天台座主記』など）。

この頃、父帝後醍醐は、南都北嶺《なんとほくれい》への行幸《ぎょうこう》を頻繁におこなった。来る倒幕に備えて、比叡山をはじめとする仏教勢力の支持と戦力に期待したのであろう。とくに護良二度目の座主在任期の行幸は、元徳二年三月二六日に日吉社、翌二七日に比叡山、翌二八日に*1無動寺《むどうじ》と頻繁であった。ちょうど、世良が薨去する半年前の出来事である。

とくに、三月二七日の行幸では大講堂供養《だいこうどうくよう》が興行され、*2導師《どうし》を異母弟の妙法院尊澄が務め、*3呪願《じゅがん》を座主護良が自らおこなった。この日、護良はこの功績によって二品《にほん》に叙せられた（『師守記《もろもりき》』暦応三年〈一三四〇〉四月二六日条頭書など）。

青蓮院■梶井門跡・妙法院とともに天台三門跡とされる。もとは比叡山内の房であったが、平安末期に門跡寺院となり、鎌倉時代に現在地に移った。室町幕府六代将軍足利義教が還俗前に入室していたことでも知られている　京都市東山区

＊1無動寺■比叡山の塔頭で延暦寺内の東塔無動寺谷に所在する。平安時代に相応によって開かれた。現在は千日回峰行の拠点として知られている。

だが、二度目の天台座主在任もわずか四ヶ月間と短く、同年四月には慈厳《じげん》（左大《さだい》臣《じん》洞院《とういん》実泰《さねやす》の子息）に代わっている（『天台座主記』）。ちなみにその後は、一二月に尊澄が天台座主となり、元弘の変で幕府に逮捕されるまで務めている。

天台座主を務めていた頃の護良の行状として有名なのは、彼が仏教の修行や勉強をまったくおこなわず、朝から晩まで武芸の稽古に明け暮れていたことである。護良の武断的な性格は、多くの史書が一致して描写している。これは無論、後醍醐の倒幕路線と密接に連動したものだったと考えられる。しかし彼にとって、僧侶が性に合わなかったことも確かであろう。後年、倒幕が成就した直後に後醍醐から下された再出家の命令を拒否したことからも、それはうかがえる。

僧侶時代の護良に、赤松則祐《あかまつそくゆう》との縁ができたことは特筆すべき重要事項である。

赤松則祐坐蔵■兵庫県上郡町・宝林寺蔵

赤松氏は播磨《はりま》国西部を本拠とし、後に室町幕府の播磨守護となった武家である。則祐は赤松円心《えんしん》の三男で、このとき出家して比叡山に登っていた。倒幕に際して、護良が畿内近国で粘り強いゲリラ戦を展開できたのも、赤松氏の持つネットワーク

＊2導師■法会の際に、願文・表白などを述べるなど、中心となって儀式をおこなう僧。

＊3呪願■法会の際に、施主の願意を述べ幸福などを祈願すること。

延暦寺大講堂■僧侶が学問の研鑽のために議論する道場で天台座主第一世の義真が建立した。比叡山で重要な位置を占めたが、昭和三十一年に焼失し、同三十八年に坂本の讃仏堂を移送し再建された

が大きかったと考えられ、護良の死後も彼の遺児と赤松氏との関係は継続するが、これらについては後で述べたい。

■「大塔宮」「護良」の読みについて■

現在、大塔宮は「おおとうのみや」、護良は「もりよし」と読むのが定説である。しかし、かつてはそれぞれ「だいとうのみや」「もりなが」と呼ばれていた。なぜ、読み方が変化したのか。この問題に興味を持つ歴史ファンが多いようである。筆者も時折、南北朝時代関連の講演をするが、必ずと言っていいほどこの質問をされる。すでに森茂暁等による簡潔な整理があるが、本書でも簡単に紹介したい。

まず、大塔宮に関しては、正平《しょうへい》六年（北朝観応《かんのう》二、一三五一）七月三〇日付常陸《ひたち》親王御使等交名（長門毛利家文書）に「お、たをのミや」とあることが、「おおとうのみや」と読む最大の根拠である。

次いで、護良については、一条兼良《いちじょうかねよし》が作者であると伝わる『*諱訓抄《いくんしょう》』に「護良《モリナカ》〈大塔宮〉」とあるので、古くは「もりなが」と呼ばれていた。しかし、同書は江戸時代の天和《てんな》元年（一六八一）の写本であるので、史料としては新しいという問題点がある。

一方、応永《おうえい》一五年（一四〇八）に書写された『日本書紀私鈔《にほんしょきししょう》 并 人王百代具名《ならびににんのうひゃくだいぐみょう》

白旗城跡■白旗山に築かれた赤松氏の居城。築城時期については、赤松円心が鎌倉幕府打倒の際に築いたとする説と、幕府滅亡後に足利方に付き、新田義貞をくい止めるために築いたという、二説ある。遺構が良好に残り、国指定史跡になっている　兵庫県上郡町

＊諱訓抄■室町時代の碩学一条兼良がまとめたとされる書で、天皇や貴族たちの諱の読み方や、大内裏の殿堂・諸門の読み方を記している。

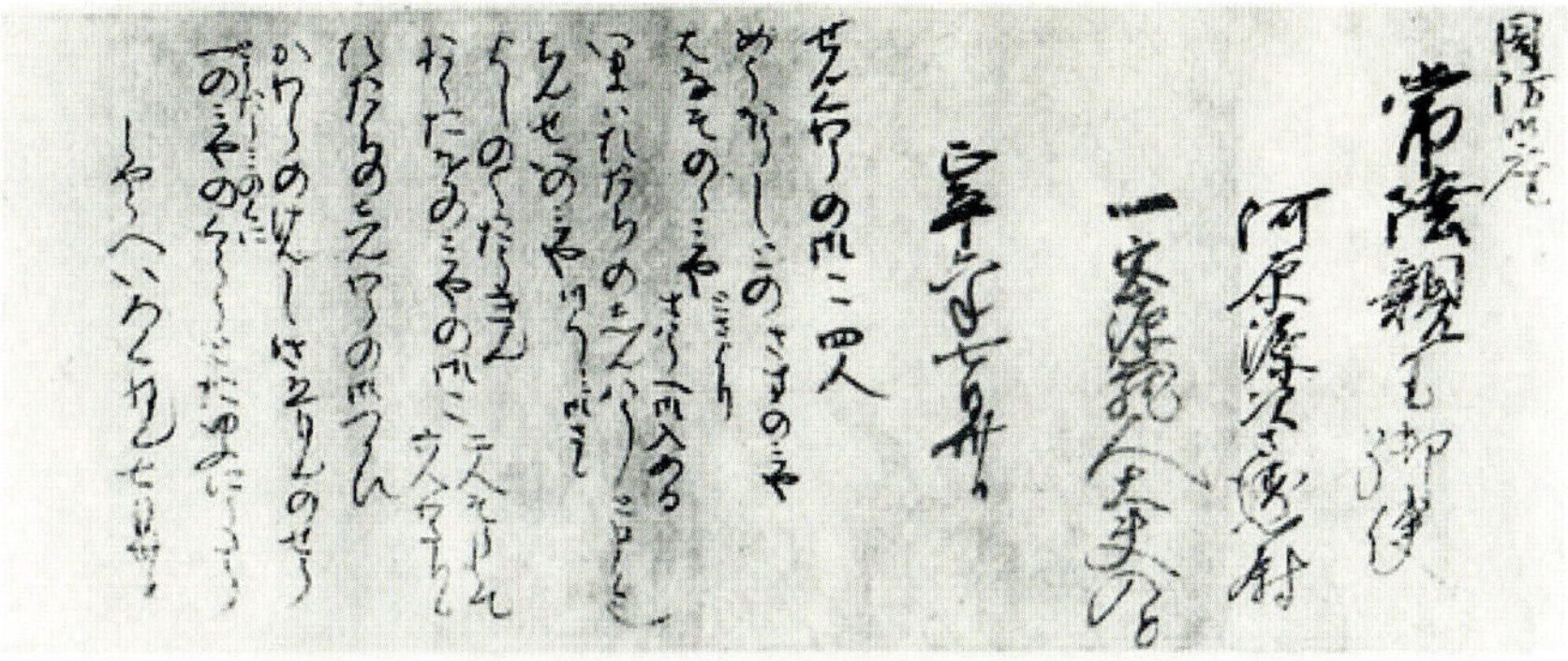

常陸親王御使等交名■毛利博物館蔵　写真提供：山口県文書館

記《き》』で後村上《ごむらかみ》天皇の名が「儀良《のりヨシ》」（正しくは義良《よし》）、伏見宮貞成《ふしみのみやさだふさ》親王（北朝光厳《こうごん》上皇の曽孫）が室町時代に書写した『増鏡』（尊経閣文庫所蔵）では、尊良に「タカヨシ」、世良に「ヨヨシ」の傍訓《ぼうくん》があることなどから、大正九年（一九二〇）に八代国治が「よし」と読むべきであると主張した。

その後、昭和一四年（一九三九）に平田俊春が、『保暦間記《ほうりゃくかんき》』の写本（『新校群書類従』第二〇巻所収。内閣文庫所蔵本を底本としたもの）に「なりよし親王」と仮名書きされたものが存在することを指摘して、八代説を補強した。

というわけで、現在の日本史学界では、後醍醐天皇の皇子に多く見られる「○良」は、「○よし」と読むのが主流となっているのである。ただし、「よし」説にも検討すべき部分が若干残っているという。

後村上天皇肖像■大阪府守口市・来迎寺蔵

後村上天皇の行在所だった摩尼院■大阪府河内長野市・金剛寺

第二章 決死の倒幕ゲリラ戦

元弘の変勃発

元徳三年（一三三一）四月末、後醍醐天皇の寵臣前権大納言吉田定房が、後醍醐の倒幕計画を六波羅探題《ろくはらたんだい》（鎌倉幕府の西国統治機関）に密告した。真偽不明の正中の変とは異なり、今度こそ正真正銘の「主上御謀反」である。事態を重視した幕府は、廷臣日野俊基《としもと》や僧侶の文観《もんかん》*1らを逮捕し、鎌倉に護送して死刑や流罪の処分を下した。

八月九日には「元弘」と改元され、同月、幕府はいよいよ後醍醐本人に捜査の手を伸ばし始める。そのため、後醍醐は京都を脱出し、山城国最南端の笠置《かさぎ》城（京都府笠置町）に籠城した。

翌九月、幕府は皇太子の持明院統量仁親王を即位させた。これが、北朝初代の光厳天皇である。新皇太子は康仁親王で、大覚寺統嫡流の邦良親王の遺児である。

そして、幕府軍は笠置城の後醍醐軍を包囲して攻撃し、陥落させた。九月二九日、後醍醐と天台座主尊澄法親王が捕らえられ、一〇月三日には、河内国まで逃れた尊良親王も逮捕されている。翌元弘二年（一三三二）三月、後醍醐は隠岐《おき》島、尊良は

光厳法皇画像■後伏見天皇の子。母は西園寺寧子。後醍醐天皇の失脚により帝位に就くも、後に後醍醐が隠岐から帰京すると廃され、さらには正平の一統が敗れると安賀生に拉致されるなど、波瀾万丈な生涯を送った　京都市・常照皇寺蔵

＊1文観■後醍醐天皇に重用されて醍醐寺座主となった。後醍醐の命により、中宮禧子の安産祈祷と称して鎌倉幕府の調伏をしたとされることで著名である。元弘の変で逮捕されると、甲斐国に流された。

土佐国、尊澄は讃岐《さぬき》国へ配流された。翌四月二八日、ふたたび改元が行われ、「正《しょう》慶《きょう》」と称した。こうして、後醍醐の倒幕運動は、あえなく失敗したかに見えた。

ちなみに元弘元年九月には、河内国の武士楠《くすの》木《き》正成《まさしげ》も同国下赤坂《しもあかさか》城（大阪府千早赤坂村）で挙兵しているが、幕府の大軍の攻撃を受け、翌一〇月に下赤坂城も陥落している。

■潜行する護良、警戒する幕府■

この間、護良親王は何をしていたのか。

八月に、幕府が後醍醐を逮捕しようとしているとの情報を後醍醐に伝えたのは、護良だったとされる（『太平記』巻第二）。護良は、比叡山が持つ独自の情報網を駆使して、幕府の動向をつかんだのである。

この報を受けた後醍醐は、廷臣*2花山院師賢《かざんいんもろかた》を自身の影武者として比叡山に派遣して幕府を欺いた。師賢の比叡山登山には、護良と尊澄も同行したという。そして、後醍醐自身は南都方面に向かった。これらの戦略も、護良が後醍醐に献策したことであったという（以上、『太平記』巻第二）。

献策の真偽はともかくとして、六波羅探題が軍勢を派遣して比叡山の僧兵と交戦を開始したのは確かな史実である。護良が幕府軍を引きつける間に、後醍醐に挙兵

*2花山院師賢■花山院師信の子で、清華家に属する。後醍醐の側近として活動し、倒幕計画が露見すると後醍醐に扮して比叡山に登った。笠置城が落城すると、幕府軍に捕らえられ出家。後に下総国に流され、同地で死去した。

「鳳輦を比叡山ニ向給ふ事」■花山院師賢を鳳輦に乗せ、比叡山に派遣する様を描く　『絵本楠公記』当社蔵

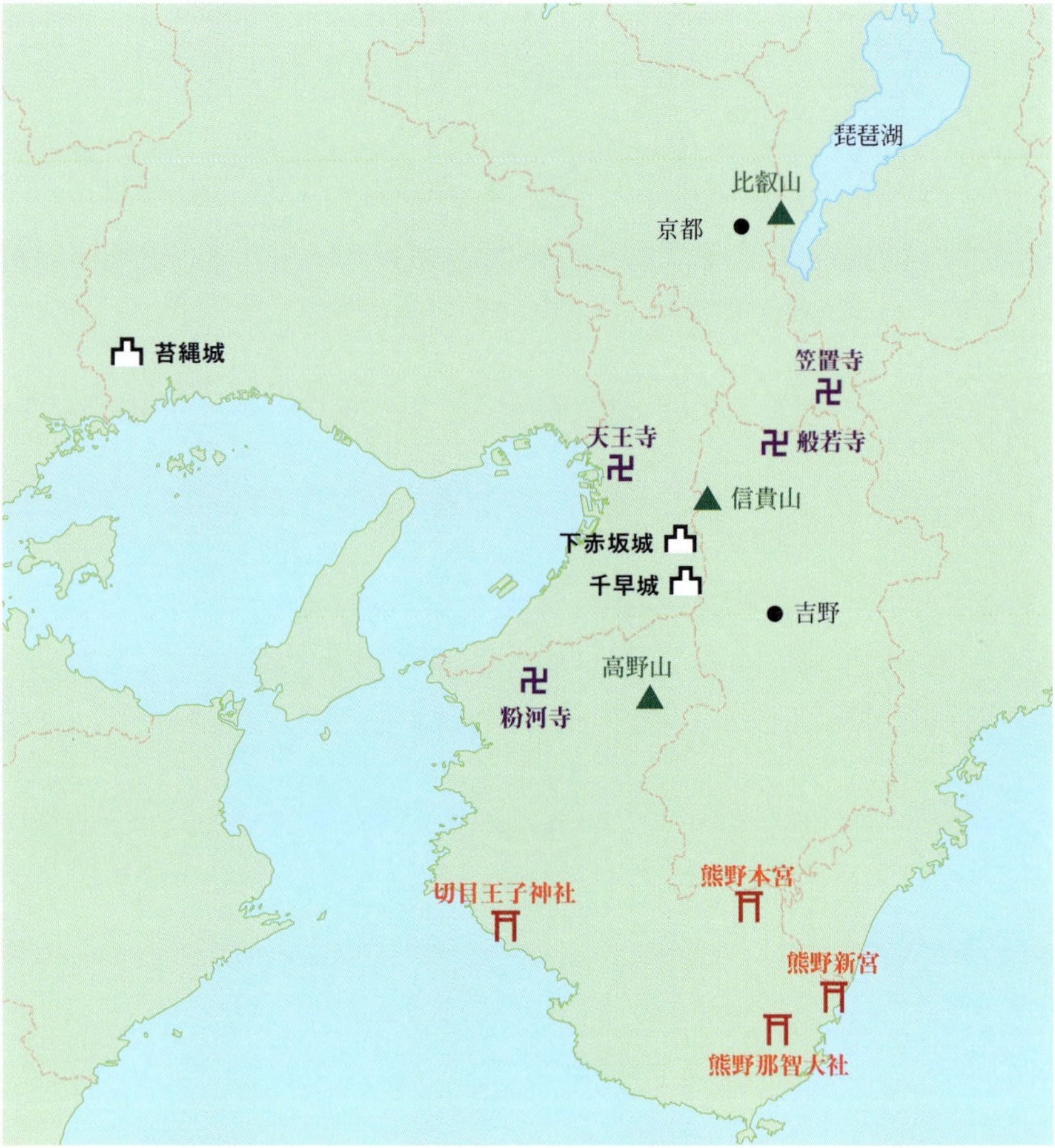

図1　元弘の乱関係地図

後醍醐天皇を迎える楠木正成■『國史画帖大和櫻』当社蔵

のための十分な準備時間を与える戦略であった（『太平記』巻第二）。比叡山が六波羅に大打撃を与えられれば、なお望ましい展開である。

そして現に、僧兵は一時、唐崎《からさき》の浜（大津市）で六波羅の軍勢を撃破した。しかし、後醍醐の不在を知った僧兵たちが戦いを忌避したので、護良たちは比叡山を脱出して笠置城の後醍醐に合流したという（以上、『太平記』巻第二および『増鏡』）。山門の戦力に期待した後醍醐の構想は、この時点ではもろくも崩壊したのである。

護良親王が隠れたと伝わる唐櫃■奈良市・般若寺蔵

その後、護良と尊良は笠置城が落城する前に脱出し、河内国の楠木正成居館に入った（『増鏡』）。これは、一次史料である幕府の有力武将＊金沢貞将《かねさわさだゆき》が知人に宛てた書状からも確認できる（年月日欠、金沢文庫蔵内作業灌頂私記裏文書）。

しかし、ここもすぐに離れて、護良は奈良の般若寺《はんにゃじ》（奈良市）にしばらく潜伏した。護良が仏壇の前の唐櫃《からびつ》に身を潜め、あえて蓋を開け放したままにして興福寺《こうふくじ》一乗院《いちじょういん》の僧好専《こうせん》の捜索を逃れたという逸話は、こ

＊金沢貞将■鎌倉幕府十五代執権金沢貞顕の子。自身も北条一門の重鎮として各地を転戦した。新田義貞が挙兵して鎌倉に攻め込むと防戦に努めたが、奮戦空しく討ち死にした。

般若寺本堂■真言律宗の寺院で、寺伝では高句麗僧・慧灌が創建し、聖武天皇が伽藍を整備したとする。平重衡の南都焼き討ちにより衰退したが、鎌倉時代に入り真言律宗の僧たちによって復興された。楼門は国宝に指定されている　奈良市

「大塔宮熊野落事」■『太平記絵巻』　埼玉県立歴史と民俗の博物館蔵

のときのことである（『太平記』巻第五。当時、興福寺は幕府方であった）。この長櫃は、今も同寺に現存する。

その後、護良は山伏《やまぶし》に扮装し、当初は紀《き》伊《い》国熊野《くまの》方面を目指した。このときの従者は、赤松則祐と村上義光《よしてる》以下、わずか九人にすぎなかった。

途中、紀伊国切目《きりめ》の五体王子《ごたいおうじ》神社（和歌山県印南町）で見た霊夢《れいむ》により、護良は大和《やまと》国十津川《とつがわ》方面を目指す方針に転換した。しかし実際には、これは『太平記』も言及するように、熊野三山の別当定遍僧《じょうへんそう》都《ず》が忠実な幕府方であったためである。

十津川に入ってからは、現地の武士戸野《との》正衡《まさひら》の妻の病気を法力《ほうりき》で治した縁により、正衡を味方につけた。さらに、正衡の叔父竹原宗規《たけはらむねのり》の館に招かれ、半年ほど滞在している。

中世の曼荼羅に描かれた山伏■和歌山県那智勝浦町・熊野那智大社蔵

護良を祀る切目の大塔神社■和歌山県印南町

還俗《げんぞく》して、尊雲から護良と改名したのはこのときのことであったという。『梶井《かじい》円融房在住親王伝《えんゆうぼうざいじゅうしんのうでん》』によると、元弘二年三月の出来事であったらしい。また、宗規の娘を妻としたともいうが、真偽は不明である。

しかし、これを知った定遍は、莫大な恩賞をちらつかせて十津川の人々を動揺させたので、護良はやむをえず十津川を出た。その途中、無二の幕府方であった玉置荘司《たまきしょうじ》の大軍に包囲される。しかし、紀伊国住人の野長瀬六郎《のながせろくろう》・七郎《しちろう》兄弟が三〇〇〇騎あまりで救援に訪れ、絶体絶命のピンチを切り抜けた。その後、この軍勢を従えて、史上有名な大和国吉野《よしの》（奈良県吉野町）入りを果たし、挙兵したのである。時に元弘二年一一月のことであった（以上、『太平記』巻第五など）。

吉野における護良の陣所とされる大塔宮御陣地
■奈良県吉野町

こうした護良の動向に対し、鎌倉幕府は当然、対策を怠らなかった。護良と楠木正成の討伐を命じる執権《しっけん》赤橋《あかはし》守時《もりとき》・連署《れんしょ》北条茂時《ほうじょうしげとき》の軍勢《ぐんぜい》催促状《さいそくじょう》が数通残存している（正慶元年〈元弘二、一三三二〉一二月九日付関東御教書、長門熊谷家文書など）。

十津川での護良の居所といわれる黒木御所跡■近代までは付近に竹原八郎（宗規）のものとされる五輪塔などがあったが、明治二十二年（一八八九）の水害で失われてしまったという　奈良県十津川村　写真提供：十津川村教育委員会

また、元弘三年（一三三三）閏二月一五日には、幕府の得宗《とくそう》（執権北条氏の嫡流で、事実上の最高権力者）北条高時《たかとき》の邸宅で護良と正成を調伏《ちょうぶく》するための*1冥道供《みょうどうぐ》が修されている（『門葉記《もんようき》』巻第七十）。

さらに注目すべきは、護良を討った者には身分の高低にかかわらず近江《おうみ》国麻生《あそう》荘、正成を討った者には同様に丹後《たんご》国船井《ふない》荘を恩賞として与える命令が出されていることである（『楠木合戦注文《くすのきかっせんちゅうもん》』）。身分を問わないのが異例であるが、恩賞として事前に具体的な所領を約束するのもきわめて珍しい。

以上、幕府当局がいかにこの二人の存在を重視し、警戒していたかがうかがえる。

そしてもちろん、幕府は吉野に籠城する護良を討伐するための軍勢を派遣した。

■吉野城の攻防と村上義光の切腹■

元弘三年二月一六日、*2二階堂貞藤《にかいどうさだふじ》が率いる幕府軍が吉野城を包囲した。貞藤は当時、幕府政所《まんどころ》執事《しつじ》を務めていた要人である。このときの軍勢は、六万余騎の大軍であったという。幕府軍は一八日から攻撃を開始したが、吉野城は難攻の要塞であるので、幕府軍は攻めあぐねた。

そこで幕府軍は、城の背後にそびえる金峯山《きんぷさん》の守備が手薄であることに目をつけた。地形に詳しい一五〇人の兵士が夜陰にまぎれて金峯山に忍び入り、夜明けとと

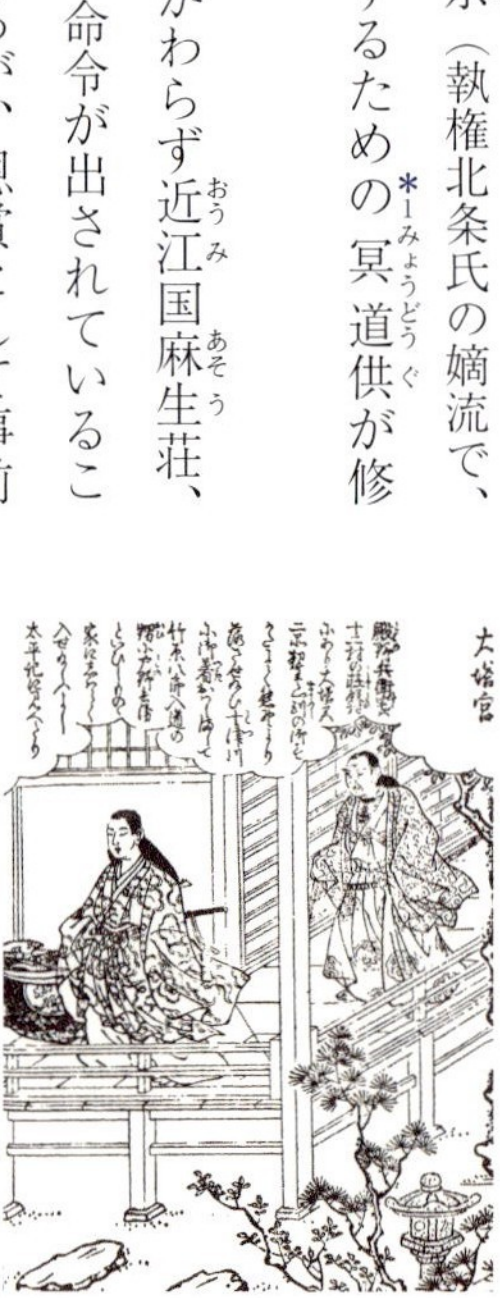

『大和名所図会』に描かれた護良親王■当社蔵

*1冥道供■閻魔大王を本尊としておこなう密教の修法。

*2二階堂貞藤■鎌倉幕府の御家人で、父は二階堂行藤。北条高時の下で政所執事をつとめる。鎌倉幕府滅亡後も雑訴決断所職員をつとめるなど建武政権に仕えたが、西園寺公宗のクーデターが発覚すると処刑された。夢窓疎石と親交があり、恵林寺を建立したことなどでも知られている。

「村上義光芋瀬と錦旗奪返ス図」■『國史画帖大和櫻』　当社蔵

もに鬨《とき》の声を揚げて護良軍を驚かせ、同時に四方八方から幕府の大軍が攻め込んだ。

このとき蔵王堂《ざおうどう》にいた護良は、二〇人あまりの精鋭とともに群がる敵軍の中に突撃し、さんざんに奮戦して一度は敵を退けた。しかし死を覚悟して、蔵王堂の前の広場で最後の酒宴を始めた。

だが、それを知った村上義光が参上し、自分が身代わりとなって討ち死にする間に護良を逃がすことを進言した。護良はしぶったが、義光が強く諌めたので、自身の鎧を義光のものと交換して高野山へ没落していった。義光は幕府の大軍を前にして、大音声を揚げて自身が護良であると偽って名乗り、壮絶に切腹した。また、義光の子

吉野城火の見櫓跡■吉野城は『太平記』では金峯山城とも記される。火の見櫓跡からは蔵王堂が見渡せる　奈良県吉野町　写真提供：吉野町役場

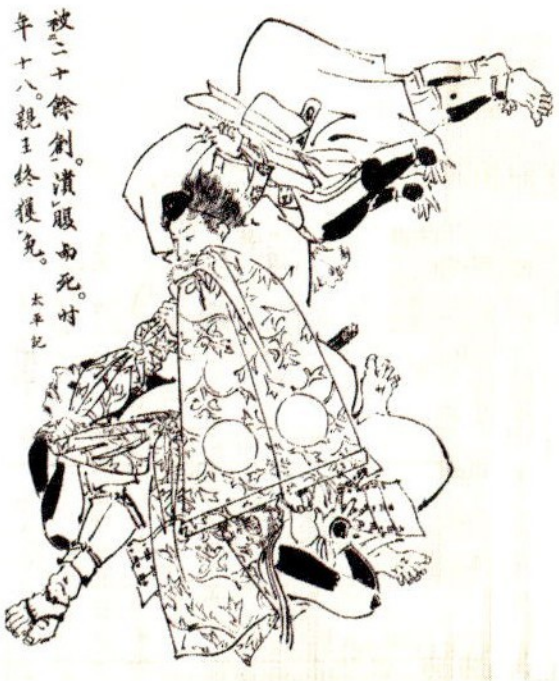

村上義光■『前賢故実』　国立国会図書館蔵

義隆《よしたか》も、護良軍の殿《しんがり》を務めて思う存分に戦った後に切腹している。時に閏二月一日の出来事であった（以上、『太平記』巻第七など）。

以上が、世に名高い村上義光の忠臣逸話である。どこまで事実を反映しているかはともかくとして、護良のためには命を惜しまない勇敢な武士が多数存在したことは確実である。

ところで、村上氏は信濃《しなの》国に本拠を持つ鎌倉幕府御家人で、北条得宗家の被官《ひかん》（家来）としても活躍した武士である。それがなぜ、護良親王に従うようになったのか。詳細な過程は現在でも不明であるが、鎌倉時代には義光の系統は村上氏の傍流であったので、勢力拡大を目指して護良に接近していったと推定されている。

なお、護良とともに真っ先に挙兵して幕府軍と戦った楠木氏も悪党《あくとう》ではなく、駿《する》河《が》国出身の幕府御家人で、得宗被官として河内国に移住した武士であったとする説が、近年有力となっている。楠木氏と同様、悪党とされてきた赤松氏も、六波羅探題配下の関東御家人であったとする見解が出現している。鎌倉幕府で絶対的な権力を握る得宗家に従い、その恩恵を最も受けたであろう武士が少なからず倒幕に参加したのだとすれば、非常に興味深い現象である。

村上義光の墓■吉野神宮の南約一㎞の地に所在する。護良の代わりに切腹して果てた義光の首を検分した北条方が、護良の首ではないことを知り捨てられていたのを、同地の人が墓を建て供養したという。また、子義隆の墓は勝手神社南西約二㎞の地に所在する　奈良県吉野町

■高野山で難を逃れる■

後日、護良の首が偽物であることを知った二階堂貞藤は、高野山へ押し寄せて護良のゆくえを尋ねた。

このとき、高野山の僧侶たちは大塔の梁《はり》に護良を隠し、老僧たちが懸命に摩利支《まりし》天隠形法《てんおんぎょうほう》を修したので、貞藤は梁に気づかず、護良を発見できなかったという。

高野山根本大塔■高野山金剛峯寺の壇上伽藍の中心で、空海の没後半世紀を経て完成したとされる。現在の建物は昭和13年（1938）に再建されたもの　和歌山県高野町

あきらめた貞藤は、楠木正成が籠もる千《ち》早《はや》城へと転進していった（以上、『太平記』巻第七および『高野春秋編年輯録《こうやしゅんじゅうへんねんしゅうろく》』巻第十、正慶二年〈元弘三年〉二月条）。

実はこのときまで、高野山は護良には概して非協力的であった。たとえば、元弘二年（一三三二）八月二七日に挙兵を呼びかける護良の令旨《りょうじ》（後述）が同山に到来したが、僧侶たちはこれを拒否している（『高野春秋編年輯録』巻第十、正慶元年〈元弘二年〉八月二七日条）。しかし、

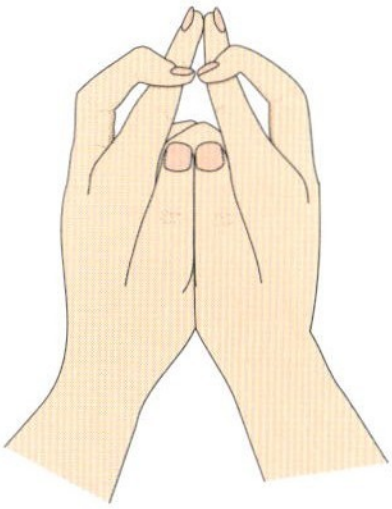

摩利支天根本印

摩利支天尊影

赤松院■寺伝では、平安中期の延長元年（923）に聖快阿闍梨によって創建された山本坊が元とする。後に赤松円心・則祐父子によって再建され、赤松院と名を改め赤松家の菩提寺となった。赤松円心・則祐父子の木像を所蔵している　和歌山県高野町

吉野城が落城した段階では、高野山は護良に協力的になっていた。潮目は確実に変わり始めていたのである。

この後、護良は畿内南部を転々としてゲリラ活動をおこなった。しかし、その足取りの詳細は、現在も不明である。なお、護良が潜伏した場所を大塔ではなく山内の子院とする見解も存在する。この子院は後に赤松円心・則祐父子によって再建され、赤松院《せきしょういん》と名づけられた（『紀伊続風土記』）。赤松院は今も現存し、宿泊も可能である。

■盛んに出された大塔宮令旨■

護良親王を語る際に、やはり何と言っても令旨を抜きにはできない。「令旨」とは、親王や皇后《こうごう》などが出す文書で、従者が主人の意思を奉じて従者の署名で発給する形式のものである。天皇が出した同様の文書を「綸旨《りんじ》」といい、上皇（退位した天皇）

熊野本宮大社■熊野三山の一つで、平安時代から鎌倉時代にかけては、皇族や貴族たちが盛んに参詣している　和歌山県田辺市

＊四条隆資■後醍醐天皇の挙兵に従った公家で、笠置城が落城すると護良や正成を頼ったものの、紀伊に落ち出家した。後に鎌倉幕府が滅亡すると、隆資も還俗して復帰し、以後は南朝の重臣として活躍し、正平七年（一三五二）の男山の戦いで討ち死にした。

や法皇（出家した上皇）が出すと「院宣《いんぜん》」と呼ばれた。

護良は畿内各地を転戦するかたわら、隠岐に流されて綸旨を発給できない父帝後醍醐に代わって令旨を発給し、全国の武士に蜂起を呼びかけ続けたのである。

護良の令旨が記録に初めて出現するのは、吉野入りから半年ほど遡る元弘二年六月六日である。この日、紀伊国熊野山から、同社に宛てられた護良令旨が六波羅探題に届けられた。その令旨には、熊野山を頼りにする旨が記されていたが、前述したとおり、熊野山は鎌倉幕府方であったので、六波羅に通報したのである。六波羅は、これを承けて*四条隆資《しじょうたかすけ》らを全国に指名手配することを、持明院統光厳天皇治下の朝廷に申請した（以上、『花園天皇宸記』同日条）。

この直後には、護良が京都に潜伏し、祇園祭《ぎおんまつり》に乗じて騒乱を起こそうとしているとの風聞が入った。そのため六波羅は、鉾《ほこ》・兵具《へいぐ》を祭の道具として使用することや鳴り物を禁止し、護良の捜索も厳重におこなった（以上、『花園天皇宸記』六月七日条・八日条）。

しかし、これは誤報であったと思われる。前述したとおり、この頃の護良は畿内南部の山中を幕府の目をくらませながら移動している。京都まで上って混乱を画策するのは不可能だったのではないか。

同月末には、護良令旨を所持する竹原八郎入道が大将軍となって伊勢《いせ》国に侵入し、地頭《じとう》二〜三人を殺害し、守護代の屋敷を焼き払ったとする風聞が京都にもたらされ

祇園祭の様子を描く東山名所・祇園祭礼図屏風（左隻）■堺市博物館蔵

た（『花園天皇宸記』六月二九日条など）。この人物は、かつて十津川で護良を半年ほどかくまった竹原宗規と同一人物である。

とはいえ、元弘二年中は護良令旨の現存数も数通のみで、令旨の発給はそれほど活発だったとは言えない。また、その大半は、高野山・熊野山等和泉・紀伊の寺社に対して祈祷《きとう》や協力を要請するものである。しかし前述したとおり、当初、高野山はその要請を拒否したし、熊野山にいたっては、幕府方としてわざわざ護良の令旨を六波羅に届け出たほどである。戦況の不利を反映して、彼の要請に応じる寺社はなかなか現れなかったのである。

だが、元弘三年に入ると令旨の現存数が増え、しかも軍勢催促（出陣命令）や感《かん》状《じょう》（合戦の手柄を賞する文書）も目立ってくる。そして、正月二〇日には越後国の三浦和田三郎宛（出羽中条家文書）、二月六日には薩摩《さつま》国の牛屎郡司《うしくそぐんじ》入道宛（鹿児島大学所蔵牛屎院文書）と、その範囲も全国に及んだ。とくに四月一八日付令旨は、紀伊国粉河寺行人《こかわでらぎょうにん》に同国平田《ひらた》荘を充行うものであり（紀伊粉河寺文書）、恩賞充行の事例として注目できる。

大塔宮護良親王令旨の実例を紹介しよう。おそらく、護良令旨として最も著名な文書で、長門熊谷家に伝来する。原文は変体漢文《へんたいかんぶん》であるが、読み下し文に改めている。

伊豆国在庁時政《（北条）》子孫高時法師、朝家を蔑如し奉る間、征伐を加えらるるところなり。一族を相催し、戦場に馳せ参ぜしむべきの由、

花押１　四条隆貞

花押２　某　定恒

花押３　中院定平

護良親王令旨の奉者をつとめた四条隆貞・某定恒・中院定平三人の花押

大塔二品《（護良）》親王令旨に依るの状、件のごとし。
元弘三年四月一日　　左少将隆貞《（四条）》
熊谷小四郎《（直経）》館

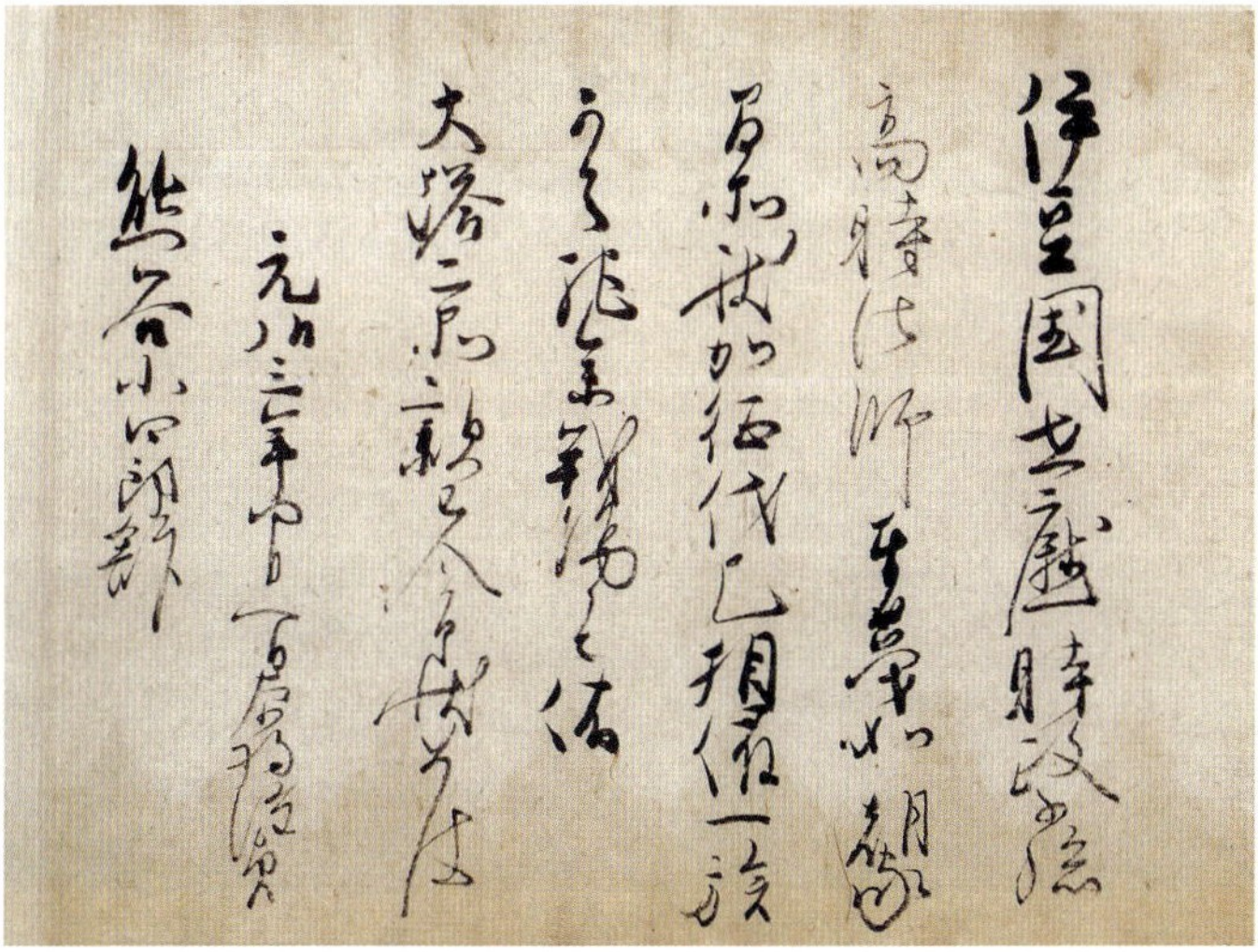
元弘３年４月１日付護良親王令旨■「長門熊谷家文書」　山口県文書館蔵

大意は、「伊豆《いず》国の在庁官人《ざいちょうかんじん》（国府《こくふ》の役人。現代の県庁の公務員に相当）北条時政《ときまさ》の子孫高時法師《たかときほうし》が朝廷をないがしろにしているので、征伐いたします。一族を招集し、戦場に馳せ参じなさいという内容の大塔宮護良親王令旨は、以上のとおりであります」という感じである。要するに、熊谷直経《くまがいなおつね》に倒幕軍に参加することを命じているのである。

本事例では、従者である*四条隆貞が護良の意思を奉じて発給する形式を採っている。護良令旨の奉者《ほうじゃ》は、この四条隆貞と定恒（姓

＊四条隆貞■四条隆資の子で、護良令旨の奏者をつとめるなど、側近として活躍した。護良が失脚して鎌倉に送られると、建武政権によって殺害された。

『英雄百首』に描かれた北条時政■当社蔵

「高時入道酒食に耽り万代左衛門に所領を與ふ事」■『絵本楠公記』初編巻四　当社蔵

不詳）、そして*中院定平《なかのいんさだひら》の三名が確認されている。その中でも、隆貞のものが圧倒的に多く残存している。ちなみに、武家文書では宛所《あてどころ》の敬称は「殿」が普通であるが、綸旨や令旨など公家が武士に宛てて出す文書の宛所は、本例のように「館」となることが多い。

　中でも、北条高時を「在庁官人時政の子孫にすぎない」と述べているのは注目できる。当時、得宗家当主であった高時は、事実上の鎌倉幕府のトップとして君臨していた。北条一門も幕府の要職を独占し、日本全国の守護職数の半分にせまる三〇ヵ国弱の守護職をも占め、所領も全国に分布して被官も膨大に有していた。官職も相模守《さがみのかみ》・武蔵守《むさしのかみ》といった受領《ずりょう》（最高位の国司）の官途《かんと》を主に名乗っていた。全国の武士たちにとってはまさに雲の上の存在だったのであるが、護良は高時の先祖が地方の下級役人にすぎなかったと宣伝することによって北条氏の権威を失墜させ、彼らを味方につけようとしたのである。

北条時政の墓■伊豆国の在庁官人で平家の家人であったが、源頼朝を娘政子の婿にしたことから、頼朝の勢力拡大にともなって自身の政治的立場を増大させた。鎌倉幕府が成立すると、初代執権となった　静岡県伊豆の国市・願成就院

*中院定平■源定成の子で、後醍醐の倒幕計画に関わったことで知られる。公家大将の一人として各地の合戦に参戦している。延元元年（一三三六）以後の動向は不明な点が多いが、九州で活動していた可能性もあるという。

■倒幕運動の広がり■

前項で説明した令旨の効果もあり、やがて護良たちの倒幕運動に参加する武士や寺社が徐々に増えてきた。

まずは楠木正成である。前述したように、正成は当初から後醍醐天皇に味方しており、元弘元年（一三三一）一〇月には本拠の河内国下赤坂城を落とされている。しかし、翌元弘二年一一月末頃、正成は下赤坂城を奪還し、翌月、同国に千早城を築城した。そして、有名な革新的戦術で幕府の大軍を翻弄し続けた。

一二月九日には、山城国山崎《やまさき》（京都府大山崎町）からいきなり京都に侵攻している。このときは、宇都宮《うつのみや》氏と赤松円心の軍勢が迎え撃ち、これを撃退している（この時点では、円心は幕府方であった）。

山崎方面から侵攻しているところから、この軍勢は楠木軍が主力であったと

楠木正成銅像■大阪府河内長野市・観心寺

楠木正成による赤坂城の熱湯攻めの場面を描く『絵本楠公記』■正成による奇襲戦法の代名詞とも言える戦い方である　当社蔵

⑨1333年閏2月23日
隠岐島に流された
天皇は島を脱出し、
伯耆国に逃れる。
⑩1333年閏2月26日
名和長年が、
隠岐を脱出した
後醍醐天皇を迎え、
船上山に籠もる。
越前
若狭
丹後
丹波
近江
比叡山
山城
京都
篠村
宇治
播磨
摂津
笠置山
伊賀
奈良
河内
伊勢
大和
和泉
赤坂城
吉野
淡路
纪伊
①1331年5月18日
第2次倒幕計画が漏洩。
日野俊基、僧・文観らが
捕らえられる。
②1331年8月24日
花山院師賢が
天皇行幸と称し
比叡山に登り、
幕府軍を引き付ける。
③1331年8月24日
深夜、幕府軍上洛の
噂を聞き、後醍醐は
宮中を出て、
奈良へ逃れる。
④1331年8月27日
奈良を出た後醍醐は
笠置山に籠もる。
9月28日、笠置山が落城。
⑤1331年9月11日
楠木正成が赤坂城で挙兵。
笠置山を落ち延びた
護良親王を擁する。
⑥1331年9月13日
桜山茲俊が備後国で
挙兵するが、笠置山が
落城後、自害する。

図2　後醍醐天皇と倒幕の動き　『週刊ビジュアル日本の合戦』No.８掲載図版を参考に作成

赤松円心坐像■兵庫県上郡町・宝林寺蔵　写真提供：上郡町教育委員会

推定されている。しかし、史料に「大塔宮の御所為《しょい》に候なり」と記されていることは看過できない。新井孝重は、これについて「すでに楠木と密接な連携ができており護良の戦線が楠木と一体化していた」と解釈する。筆者もこれは妥当であると考える。だからこそ、前述したとおり幕府も護良と正成を連名で名指しし、討伐を呼びかけたのである。

なお、この戦いで捕虜となった南部《なんぶ》彦次郎《ひこじろう》以下の倒幕軍は、同月一三日に六条河原《ろくじょうがわら》で処刑された（以上、〈元弘二年〉一二月一六日付日静書状、上総藻原寺文書）。

また、翌元弘三年正月に正成は河内守護代・和泉《いずみ》守護の軍勢を撃破し、摂津《せっつ》国天《てん》王寺《のうじ》（大阪市）まで進出して六波羅軍と交戦したが、本拠に撤退している。この戦いで、護良令旨の奉者を務めた四条隆貞が大将軍となっていることが興味深い（以上、『楠木合戦注文』）。また、去就を明確にしなかった紀伊国粉河寺が、この頃倒幕

現在の六条河原■古くからの刑場で、源為義や同義平など、著名な武将が数多く同地で処刑されている　京都市

＊殿法印良忠■二条良実の孫で、二条師忠の猶子となるが、父親は不明である。天台宗の僧侶であったことから護良に従い、腹心として活躍した。

の姿勢を鮮明にした。

伊予《いよ》国では、土居《どい》・得能《とくのう》・忽那《くつな》氏らが挙兵し、長門《ながと》探題《たんだい》（長門・周防《すおう》守護を兼任して両国を統治する幕府の役職）の北条時直《ときなお》軍を撃破した。また九州では、元弘三年三月に肥後《ひご》国の武士菊池《きくち》武時《たけとき》が筑前《ちくぜん》国博多《はかた》（福岡市）で蜂起し、鎮西探題《ちんぜいたんだい》（幕府の九州地方統治機関）を務める赤橋英時《ひでとき》の館に攻め込んだが、こちらはあえなく戦死している。

大塔郷土館の前に建つ護良親王馬上像■奈良県五條市　写真提供：五條市教育委員会

播磨国では、少し戻って元弘三年正月、赤松円心が子息則祐がもたらした護良令旨に従い、同国苔《こけ》縄山《なわやま》（兵庫県上郡町）に城郭を築いて挙兵した（『太平記』巻第六など）。護良は、腹心の*殿法印良《とののほういんりょう》忠《ちゅう》および定恒（姓は不明）を円心の許へ派遣した。良忠は、赤松氏とは別系統の軍勢を率いて独自に戦った（元弘三年五月日付葉山城頼連軍忠状、長門毛利家文書）。
円心らの軍勢は各地で幕府軍を

粉河寺■和歌山県紀の川市

名和長年■『前賢故実』　国立国会図書館蔵

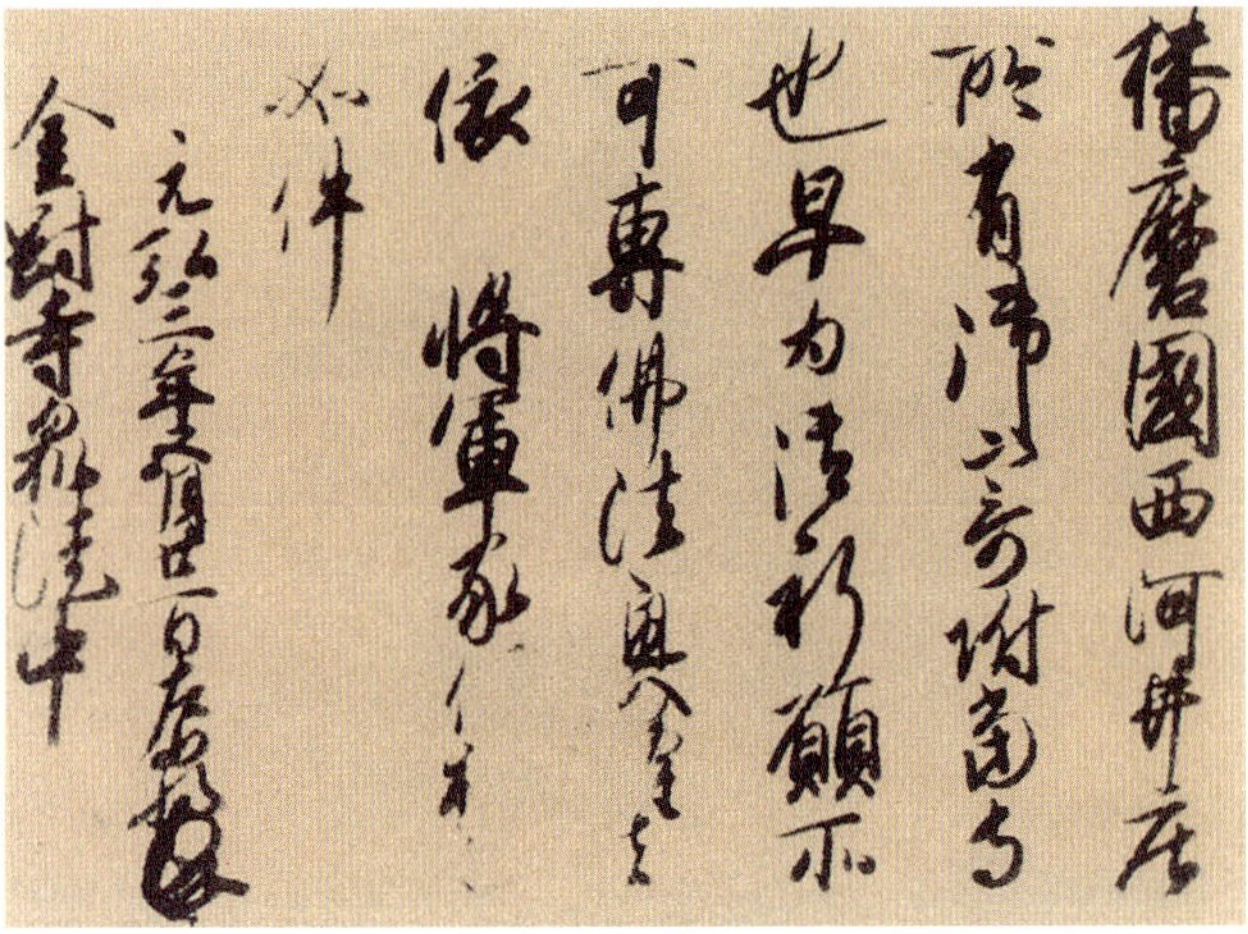

元弘３年５月21日付護良親王令旨■鎌倉幕府滅亡の２日前に出された令旨で、「将軍家」を自称している　大阪府河内長野市・金剛寺蔵

破り、三月・四月に京都に突入して六波羅軍と交戦したが敗北し、以降、戦線は膠着状態となった。

そして、元弘三年閏二月には、後醍醐天皇が配流先の隠岐島を出て本州に戻り、名和《なわ》長年《ながとし》に迎えられて伯耆《ほうき》国船上山《せんじょうさん》（鳥取県琴浦町）に籠城した。このとき出雲《いずも》守護塩《えん》冶《や》高貞《たかさだ》が幕府を裏切り、後醍醐の下に馳せ参じている。

以上、倒幕運動は確かに少しずつ広がっている。しかし、全体的に見れば、鎌倉幕府が依然、圧倒的に優勢であった。護良は、畿内南部の山岳地帯でゲリラ戦を展開するにとどまった。正成も結局、千早城に逼塞し、落城は時間の問題であった。九州の戦いも惨敗した。後醍醐も本土に戻ったにすぎない。

唯一、赤松円心だけが京都近郊にせまる善戦ぶりを見せていたが、市街戦に敗北

六波羅探題跡■鎌倉幕府の西国支配の拠点であったが、足利高氏の六波羅攻めによって滅亡した。現在は六波羅蜜寺内に石碑が建つのみである　京都府東山区

して以降は膠着状態に陥ったことはすでに述べた。

このとき、六波羅が各所に釘貫《くぎぬき》の柵や矢倉《やぐら》・木戸《きど》・塀を設置し、大堀も掘って鴨《かも》川《がわ》の水を引き入れて乱杭《らんぐい》や逆茂木《さかもぎ》を敷くなど、京都を厳重に軍事要塞化していたことが新井孝重によって注目されている。堅固な城郭と化した京都を、ただでさえ兵力に劣る円心は攻め落とせなかったのである。

そもそも、全国の守護職の半分近くを独占し、所領や被官も膨大に有する北条氏に勝利できる展望はまったくなかった。さらには四月、*名越高家《なごえたかいえ》と足利高氏《あしかがたかうじ》の大軍が鎌倉から上京してきた。名越高家は、北条一門の有力武将である。足利高氏は、清和源氏《せいわげんじ》の末裔で、北条一門に匹敵する勢力を誇った幕府有力御家人である。

倒幕勢力は予想外に健闘しているが、幕府方は物資・兵力ともに圧倒的に優勢である。楠木軍と赤松軍の消耗も、日に日に激しくなっていた。高氏たちが本気を出して戦えば、簡単に滅ぼされるだろう。太平洋戦争における日本とアメリカの戦力の格差や戦局の推移を彷彿とさせるが、これが当時の大方の予想だったのではないだろうか。ところがここで、奇跡が起こった。

■鎌倉幕府の滅亡■

四月二七日、名越高家は赤松円心と久我縄手《こがなわて》（京都市伏見区）で戦った。このと

*名越高家■名越時家の子で、元弘の変が起きると足利高氏とともに大将をつとめた。久我縄手の合戦で討ち死にするが、『太平記』によると華美ないでたちのために大将軍だとばれて集中攻撃を受けたとされる。

久我縄手に所在する久我神社■京都市伏見区

東勝寺の腹切りやぐら■『太平記』によると、追い詰められた高時らは同寺で自害したとされる。なお、後に足利尊氏によって得宗邸跡の敷地に慰霊のため宝戒寺が建立された　神奈川県鎌倉市

き高家は、円心軍の*佐用範家《さようのりいえ》が放った矢に当たって戦死してしまった。まずは、二大武将の一角が崩れたのである。

同日、高氏は後醍醐攻撃に向かうために丹波《たんば》国篠村八幡宮《しのむらはちまんぐう》（京都府亀山市）に入った。ところが、五月七日に高氏は幕府を裏切って京都に反転し、六波羅探題を攻め滅ぼした。

翌八日には、上野《こうずけ》国で足利一門の新田義貞が倒幕のために挙兵した。二一日に義貞軍は鎌倉に突入し、ついに鎌倉幕府を滅ぼした。二五日には鎮西探題が滅亡し、翌二六日、長門探題北条時直も降伏した。高氏の変節を契機として形成が大逆転し、倒幕軍が奇跡的な勝利を収めたのである。

篠村八幡宮■源頼義が誉田八幡宮を勧請して創建されたとされる。後醍醐天皇攻めに向かう途中の足利高氏（尊氏）が、同地で倒幕の挙兵をしたことで知られる。尊氏が奉納した願文などが伝わっている　京都府亀岡市

*佐用範家■赤松氏の一族で、播磨国佐用城主。弓の名手として知られ、赤松円心とともに各地を転戦した。

第二部　護良の戦い、興良の戦い

待ち望んだ征夷大将軍に任官するも、ライバル足利尊氏への嫉妬から、次第に追い詰められていく護良。そのとき護良の胸に去来した想いとは？そして護良の死後、南朝の中で独自に動く遺児興良の狙いはいかに？

護良親王出陣図■個人蔵　写真提供：京都国立博物館

第一章 足利尊氏との死闘

■最初の衝突■

六波羅探題を滅ぼした足利高氏は京都に奉行所を開設して、全国から上京した武士たちが提出した着到状《ちゃくとうじょう》[*1]や軍忠状《ぐんちゅうじょう》[*2]に証判を加える業務を始めた。同時に、京都の治安維持もおこなっている。

六波羅が滅亡したとはいえ、後醍醐天皇はいまだ船上山に滞在中で帰京していない。もちろん、新政権の組織や制度も存在せず、京都は事実上の無政府状態であった。後醍醐が帰京して統治が軌道に乗るまでは、武士たちの軍忠を確認し、治安維持に努める。高氏の措置はまったく常識的・現実的だったのである。

このようなおり、護良と高氏の最初の衝突が勃発した。護良の部将であった良忠法印の手の者二〇人あまりが、京都の土蔵《どぞう》を打ち破って財宝等を運び去ったのである。そこで、高氏は彼らを捕らえて首を刎ね、六条河原に晒した。これを根に持った良忠が護良に高氏を讒言《ざんげん》し、護良も憤りを覚えた。これが、護良と高氏の不和の発端であったという（以上、『太平記』巻第一二）。

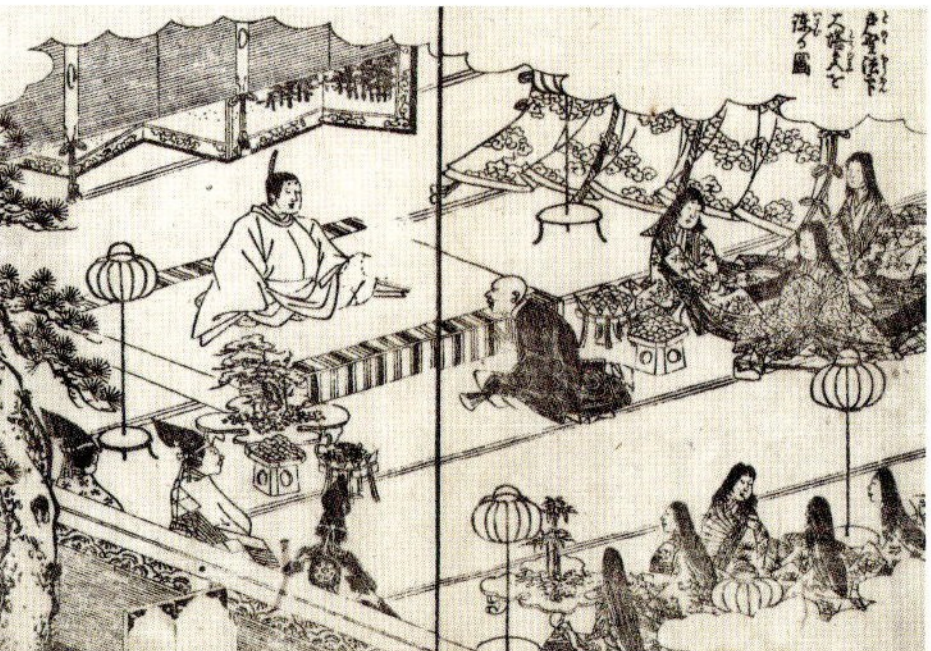

「戸野法印大塔宮を諌る図」■『絵本楠公記』二編巻四　当社蔵

この逸話を素直に信じる限り、非はすべて護良側にあり、高氏にはまったく問題はない。完全な護良の逆恨みである。もちろん、真偽は不明であるが、後述するように、筆者は両者の不和の原因は、護良が高氏を一方的に嫉妬したことだと考えるので、この逸話はそれを反映しているのではないかと思う。

■後醍醐の帰京と護良の征夷大将軍就任■

元弘三年（一三三三）五月一七日、船上山の後醍醐天皇は、持明院統の光厳天皇が即位していた事実自体を否定した（ただし、光厳は上皇として遇された）。また、正慶年号を廃して元弘年号に戻し、光厳がおこなった朝廷の任官を無効とすることを宣言した。

そして、後醍醐は同月二三日に船上山を発ち、翌六月五日に入京して二条富小《にじょうとみのこう》路《じ》の内裏《だいり》に帰還した。

このとき、光厳天皇の皇太子であった康仁親王（大覚寺統嫡流）を廃した。康仁に対しては、皇太子だけではなく、親王号まで剥奪するという厳しい処遇であった。後醍醐の新しい皇太子とされたのは、寵姫阿野廉子《あのれんし》が生んだ恒良親王で、立太子《りったいし》は翌元弘四年正月二三日であった。

話を後醍醐帰京の日に戻すと、彼は足利高氏に昇殿《しょうでん》を許し、鎮守府将軍《ちんじゅふしょうぐん》に任命

＊1着到状■合戦等において、軍勢催促を受けて、または自主的に参戦した際に、所定の場所に到着した旨を上申する文書。軍忠を証するものとして機能した。

＊2軍忠状■合戦後に、参戦した者が自身や一族の戦功等を書き上げて上申した文書。軍忠状の内容に基づき論功行賞がおこなわれた。

船上山■隠岐を脱出した後醍醐天皇が名和長年に迎えられ、しばらくの間拠点とした。山上には当時の遺構が残る　鳥取県琴浦町

足利尊氏坐像■大分県国東市・安国寺蔵

した。一二日には従四位下《じゅしいのげ》に叙し、左《さ》兵衛督《ひょうえのかみ》に任じた。八月五日には従三位にして武蔵守も兼任させた。この日、天皇の実名「尊治」から「尊」の字を与えて「尊氏」と改名させている。翌年正月五日には正三位《しょうさんみ》、九月一四日には参議《さんぎ》と、尊氏の昇進はめざましい。弟の直義《ただよし》も高位高官に預かり、一門の武将や被官も軒並み恩恵に浴した。後醍醐がいかに足利氏の勲功を高く評価していたかがわかるだろう。

　この頃、護良は幕府が滅亡したにもかかわらず、大和国信貴山《しぎさん》（奈良県平群町）に籠城して臨戦態勢にあった。後醍醐は＊坊門清忠《ぼうもんきよただ》を勅使《ちょくし》として信貴山に派遣し、軍勢を解散して再出家し、比叡山に戻ることを勧告した。しかし護良は、足利尊氏に幕府再興の野望があることを理由にこれを拒否し、逆に尊氏を討伐することを要求した（以上、『太平記』巻第一二）。

　幕府再興の野望云々は、後年、実際に尊氏が室町幕府を樹立した史実から、『太平記』が結果論的に再構成した理由であると思う。だが、倒幕戦争の最終盤に寝返っ

足利直義■尊氏の弟で、兄とともに六波羅攻めに参加し軍功を上げた。尊氏の信頼も篤く政務を担ったが、執事高師直と対立し、観応の擾乱を引き起こした『英雄百首』当社蔵

＊坊門清忠■坊門俊輔の子で、後醍醐天皇の側近。建武政権下では雑訴決断所の二番衆をつとめるなど活躍した。政策をめぐる楠木正成との確執が知られている。後醍醐が吉野に赴くと、これを追って南朝でも活躍したが、延元三年（一三三八）に死去した。

ていちばんおいしいところを持っていき、幕府滅亡後も事実上京都を支配する尊氏に、護良が強く反発したことは確かであろう。前述したように、部下が京都で狼藉を起こして尊氏に処刑されたことも関係していたかもしれない。

清忠から護良の返答を聞いた後醍醐は困り果てた。倒幕の最大の功労者である尊氏を討つなど、狂気の沙汰としか言いようがない。結局、後醍醐は尊氏討伐を中止するよう息子を諭し、征夷大将軍に任命することでなだめた。

これでようやく護良も信貴山を下山し、帰京した。その時期は諸説あるが、六月中であったことは確実である。『大日本史料』は、一三日の出来事としている。このときの護良の軍勢は非常に華美で豪勢だったようで（『増鏡』）、幕府打倒直後の彼の権勢を物語っている。

ちなみに、遅くとも五月一〇日から、護良は令旨で「将軍宮《しょうぐんのみや》」と称している（案文《あんもん》、摂津勝尾寺文書）。この段階は六波羅探題が滅亡した直後であり、後醍醐もまだ伯耆にとどまっていた。つまり、護良は後醍醐に無断で将軍を自称しており、後醍醐の将軍任命は、その追認にすぎなかったわけである。

■無効化される令旨と征夷大将軍解任■

征夷大将軍のほかに、護良は兵部卿《ひょうぶきょう》も兼ねた。この事実は、多数の確実な史料

近代に描かれた信貴山■当社蔵

から確認できる。また、和泉国の*知行国主《ちぎょうこくしゅ》となり（元弘三年一一月二七日付和泉国宣、和田文書）、紀伊国の知行国主ともなったと推定される。和泉・紀伊ともに、倒幕戦争において彼の根拠地となった地域である。また、丹後国の知行国主でもあった可能性が指摘されている。

一方、六月一六日に後醍醐天皇は宣旨《せんじ》を発布した。残念ながら現存していないが、元弘三年一〇月五日付で陸奥国司北畠顕家《あきいえ》が結城宗広《ゆうきむねひろ》に発給した陸奥国宣《こくせん》に付随した事書《ことがき》によれば、護良令旨を根拠に所領を濫妨《らんぼう》することを禁止する内容を含んでいたらしい（写、結城古文書写有造館本坤）。

このいわゆる「六月令」は、翌七月下旬に発布された「一同宣旨」と併せて、建武政権の所領安堵政策を研究する際にきわめて重要視され、戦後歴史学で膨大かつ複雑な議論が展開されてきた。その詳細に立ち入る余裕も能力も筆者は持ち合わせていない。

しかし、鎌倉幕府滅亡直後から護良令旨と後醍醐綸旨の競合が大きな問題となっていたことは、少なくとも確実である。護良の令旨は、初期には全国の武士に蜂起を呼びかける軍勢催促が主流であったが、幕府滅亡後は所領の充行や安堵、寄進が増えていった。こうした所領関連の令旨が綸旨と矛盾し、混乱を招く事態が頻発していたことがうかがえるのである。

その後、時期は不明であるが、六月令とは別に、護良令旨を無効化する法令も出

結城宗広銅像■白河結城氏の当主で、新田義貞とともに鎌倉に攻め入り陥落させた。そのため後醍醐天皇の信頼が篤く、北畠親房と多く行動を共にしている。『太平記』では生来残虐な人物として描かれる。三木一草の一人結城親光の父としても知られる。福島県白河市・関川寺

*知行国主■古代・中世の日本において、特定の国の知行権を得た皇族・有力貴族・寺社など。知行国主は、知行国の国司の任命権も保持した。

されたらしい（年月日欠高野山丹生社神主恒信申状、紀伊高野山『宝簡集《ほうかんしゅう》』一九）。これと符合するかのように、七月以降は護良令旨の残存数が激減し、しかも、彼が知行国主を務めた和泉・紀伊両国に限定される。そして元弘三年一〇月三日、和泉国上下包近名《かねちかみょう》に対する濫妨を禁じ、同国久米田寺《くめだでら》に同名を安堵したものを最後に（和泉久米田寺文書）、護良令旨はついに消滅するのである。

そして、八月二二日から九月二日の間に、護良は征夷大将軍を解任されたらしい。六月に任命されてから、わずか三ヶ月ほどしか経っていない。令旨の書止文言《かきとめもんごん》から「将軍宮」「将軍家」の言葉も消え、右に述べたとおり、令旨自体が消滅してしまう。そのなかで、兵部卿の地位は依然維持し、和泉・紀伊の知行国主も続けたようであるが、護良の勢威が急速に衰えたことは否めない。

■陸奥将軍府の設置はだれの構想か？■

八月、北畠親房の子息顕家が陸奥国司に任命された。そして一〇月、顕家は後醍醐皇子の義良親王（後の後村上天皇）を奉じて陸奥国に下向し、地方統治機関を設置した。これが、陸奥将軍府である。顕家による陸奥統治は、かなり成功したらしい。後年、建武政権に対して謀反を起こした足利尊氏を追撃して京都で撃破し、一時は九州へ没落させる大戦果を挙げている。

久米田寺■高野山真言宗の寺院で、行基によって創建されたとされる。承久の乱によって一時荒廃するが、鎌倉時代に得宗被官安東蓮聖によって再興された。和泉国の名刹で、諸武将により保護が加えられている　大阪府岸和田市

北畠顕家像■福島県伊達市・霊山神社蔵

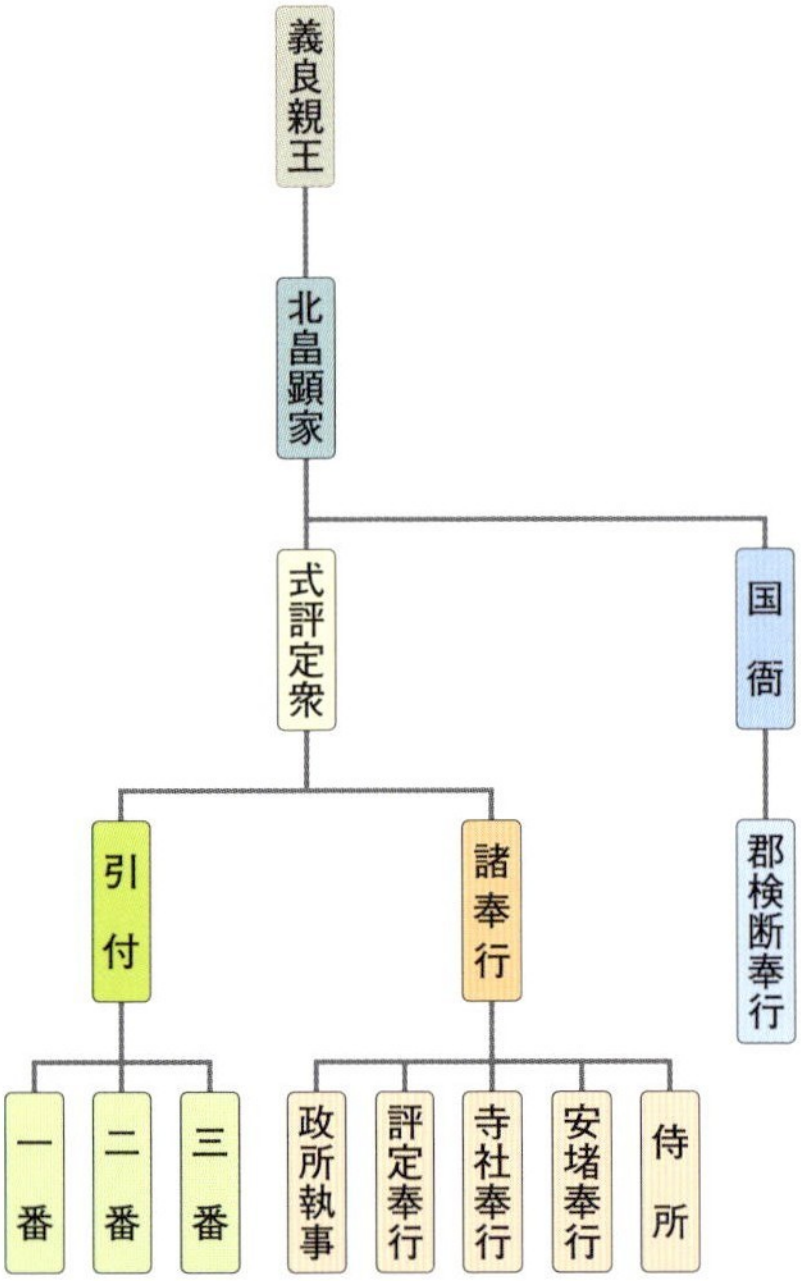

図３　陸奥将軍府の組織図

陸奥将軍府の拠点となった多賀城跡■宮城県多賀城市　写真提供：東北歴史博物館

陸奥将軍府は護良が主導し、親房の協力を得て設置したとする佐藤進一の見解が、かつては不動の定説であった。佐藤説によれば、式評定衆《しきひょうじょうしゅう》・引付《ひきつけ》・侍所《さむらいどころ》といった幕府的機構を備える陸奥将軍府は、幕府的政体を理想とする護良の政権構想と合致し（「奥州小幕府構想」）、政令のすべてを綸旨でおこなう後醍醐の構想（「綸旨万能主義」）を大幅に後退させた。同時に、陸奥将軍府に対抗し、尊氏が弟直義を鎌倉に派遣して鎌倉将軍府を設置したとする見解も有力であった。いわゆる尊氏の「逆手どり」論である。

しかし、伊藤喜良がこれを批判し、親房の著書『神皇正統記《じんのうしょうとうき》』の記述に基づいて、陸奥将軍府設置は後醍醐主導でおこなわれたとする見解を発表した。伊藤は綸旨万能主義も批判し、地方統治機関は天皇親政を阻害するのではなく、むしろ補完する存在であったと主張した。

護良主導説と後醍醐主導説。以降は、この両説が対立する研究状況となっている。さらに最近、『保暦間記』の記述を根拠に、東北地方における尊氏の勢力を削減するために護良が将軍府を設置したとする見解が大薮海によって出された。すなわち、護良主導説ではあるが、その理由が奥州小幕府構想であったことは否定する意見である。

筆者は伊藤説を支持し、陸奥将軍府の設置は後醍醐天皇が主導したと考える。それについては別の機会にも述べたことがあるが、だとすれば、『保暦間記』の記述

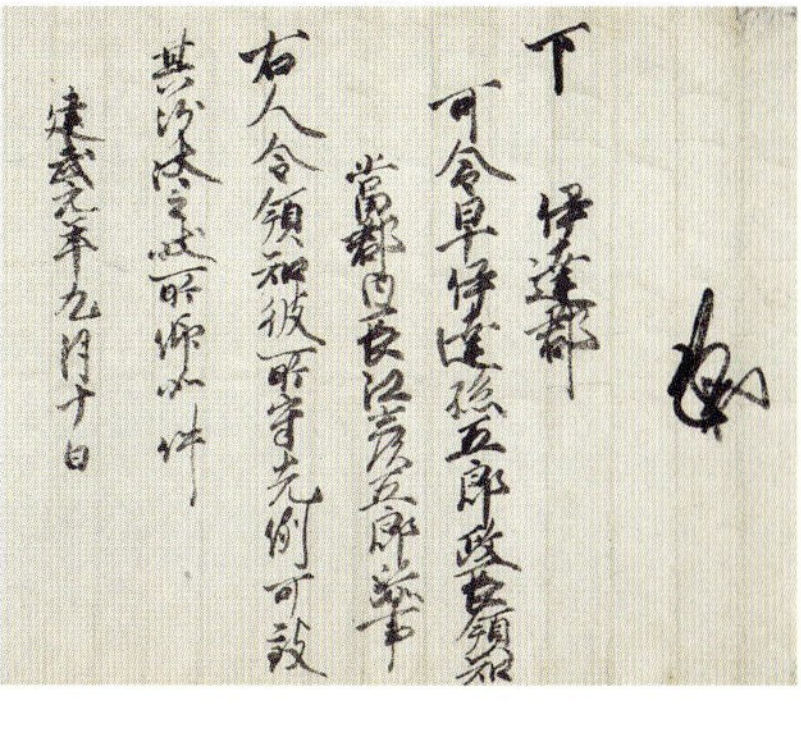
下　伊達郡
可令早伊達孫五郎政長領知
當郡内長江彦五郎跡事
右人令領知彼所守先例可致
其沙汰之状所仰如件
建武元年九月十日

建武元年9月10日付北畠顕家下文■陸奥の伊達政長に旧領を安堵している　仙台市博物館蔵

北畠顕家の墓■大阪府堺市　このほか大阪市阿倍野区にも顕家の墓とされるものがある

はどのように理解すべきか。

筆者は、これは護良が親房との姻戚関係を利用して、奥羽の武士を自らの傘下に加えたことを反映していると考える。いわば、護良は後醍醐の地方統治構想を逆用したのであり、「逆手どり」をおこなったのは尊氏ではなく、むしろ護良だったのではないか。

■栄華を極める尊氏■

以上をまとめると、建武政権下の護良は和泉・紀伊両国を勢力範囲とし、奥州を自らの私兵の供給地とした。しかし、征夷大将軍はわずか三ヶ月で解任され、倒幕に威力を発揮した令旨の発給も、父帝後醍醐によって禁じられてしまった。政権の中枢から排除され、平凡な一勢力に転落したのである。

こうした護良と比較するまでもなく、当時の足利尊氏の羽振りはすさまじかった。朝廷の官職昇進がめざましかったことはすでに述べたが、そのほか、尊氏・直義は兄弟合わせて全国四五箇所もの地頭職を恩賞として拝領した。そのほとんどが北条一門の旧領であり、経済的・軍事的に重要な地域ばかりである。さらに、尊氏は鎌倉時代に世襲していた三河《みかわ》・上総《かずさ》の守護職を維持したうえに、伊豆・武蔵の守護職を新たに獲得し、駿河・伊豆・武蔵・常陸・下総《しもうさ》の五ヵ国も知行国として拝領した。

滝山寺本堂■天台宗の寺院で、鎌倉時代に足利氏が三河国守護に補任されると同氏の庇護を受けた。写真の本堂のほか、山門等も国の重要文化財に指定されている　愛知県岡崎市

弟の直義も、知行国として遠江《とおとうみ》を領有している。

加えて尊氏は、建武政権の中枢や地方支配においても大きな影響力を発揮した。まず中央では、雑訴決断所《ざっそけつだんしょ》（所務沙汰《しょむざた》〈不動産訴訟〉をおこなう建武政権の訴訟機関）に、尊氏は重臣上杉《うえすぎ》憲房《のりふさ》（尊氏の母方の伯父）と高師泰《もろやす》を職員として送り込んだ。やがて決断所には、執事高師直が師泰と交代する形で参加している。さらに師直は、後醍醐天皇が自ら出席する重要機関であった窪所《くぼどころ》にも所属し、武者所《むしゃどころ》で警察活動にも携わった。

次いで地方では、後醍醐から拝領した諸国や所領を統治するほか、奥州に尾張弾正左衛門尉《おわりだんじょうさえもんのじょう》を派遣し、陸奥将軍府の北畠顕家と共同して支配にあたらせた。この武士は、足利一門の名門斯波《しば》氏の人物と推定されている。遠江では足利一門の今川範国《いまがわのりくに》が守護を務め、越前でも斯

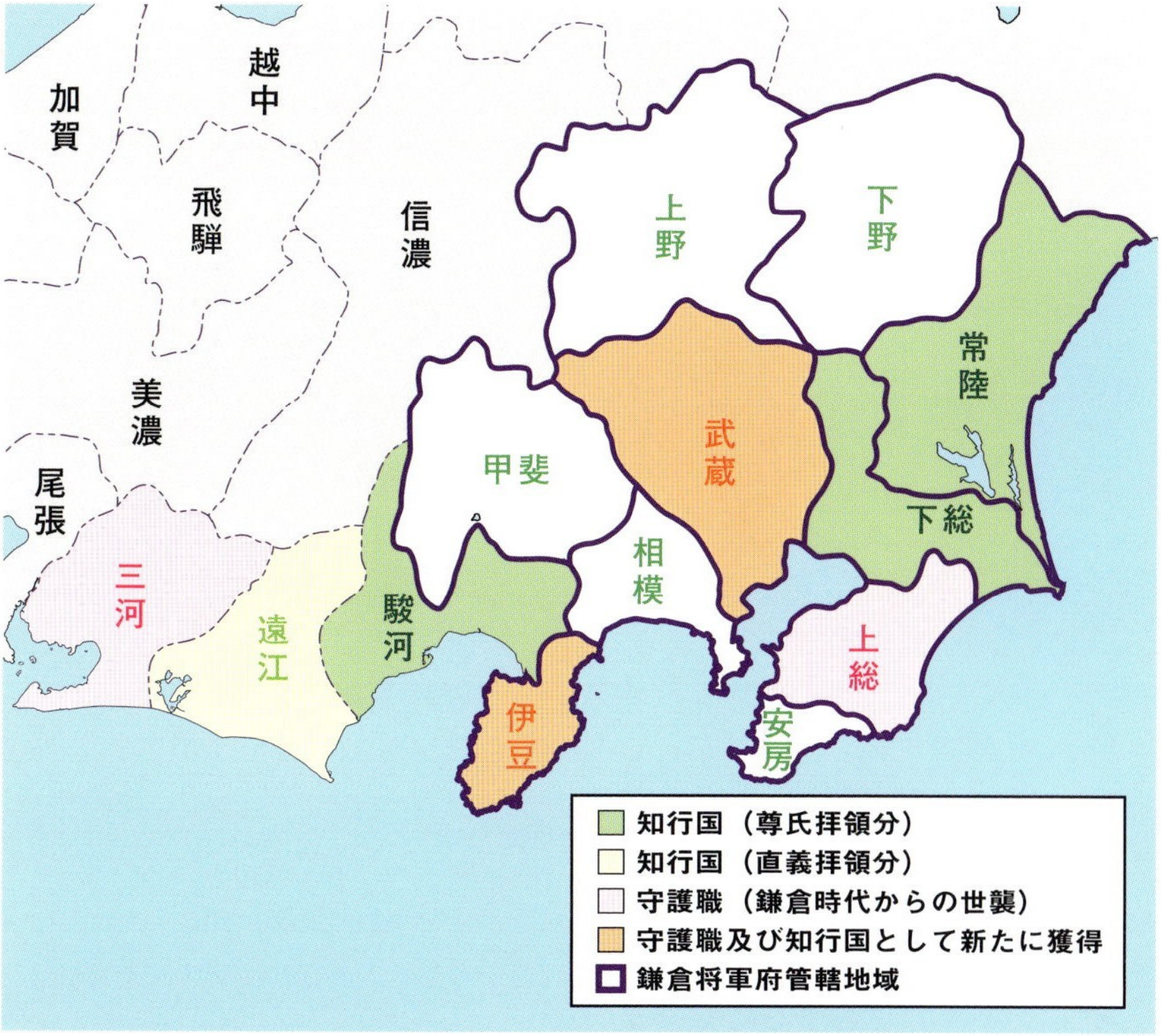

図4　建武の新政段階の足利氏の勢力図

波高経《たかつね》が守護となった。九州に対しては、尊氏は後醍醐より軍事指揮権を委任されていた形跡がある。

しかし、看過してはならないのは、鎌倉将軍府の存在であろう。鎌倉将軍府とは、後醍醐天皇皇子の成良親王を首長とする建武政権の関東地方統治機関に、現代の歴史家が便宜上与えた名称である。成良が幼少であったため、足利直義が「執権」として彼を支え、事実上の将軍府のリーダーとなった。

将軍府の管轄地域は、関東一〇ヵ国（板東八ヵ国〈相模・武蔵・上総・下総・安房《あわ》・常陸・上野・下野《しもつけ》〉+伊豆・甲斐《かい》）であった。これに前述の駿河・遠江および鎌倉以来の足利分国三河も併せると、足利氏は関東地方と東海道を連結させて広大な版図を築き上げたことになる。

鎌倉将軍府は、政所・小侍所・関東廂番《かんとうひさしばん》・大御厩《おおみうまや》などの機関を備えていたが、これらはすべて、前代の鎌倉幕府の統治機構を踏襲したものである。さらに直義は、これまた鎌倉以来の所務沙汰機関である庭中《ていちゅう》や引付も設置し、訴訟をおこなった。

このように、足利勢力は後醍醐から高位高官や莫大な所領を拝領する恩恵に預かったばかりではなく、中央では執事高師直や伯父上杉憲房を中枢の統治機構に送り込み、地方支配も広範に展開した。まさに、建武政権に必要不可欠の存在だったのである。

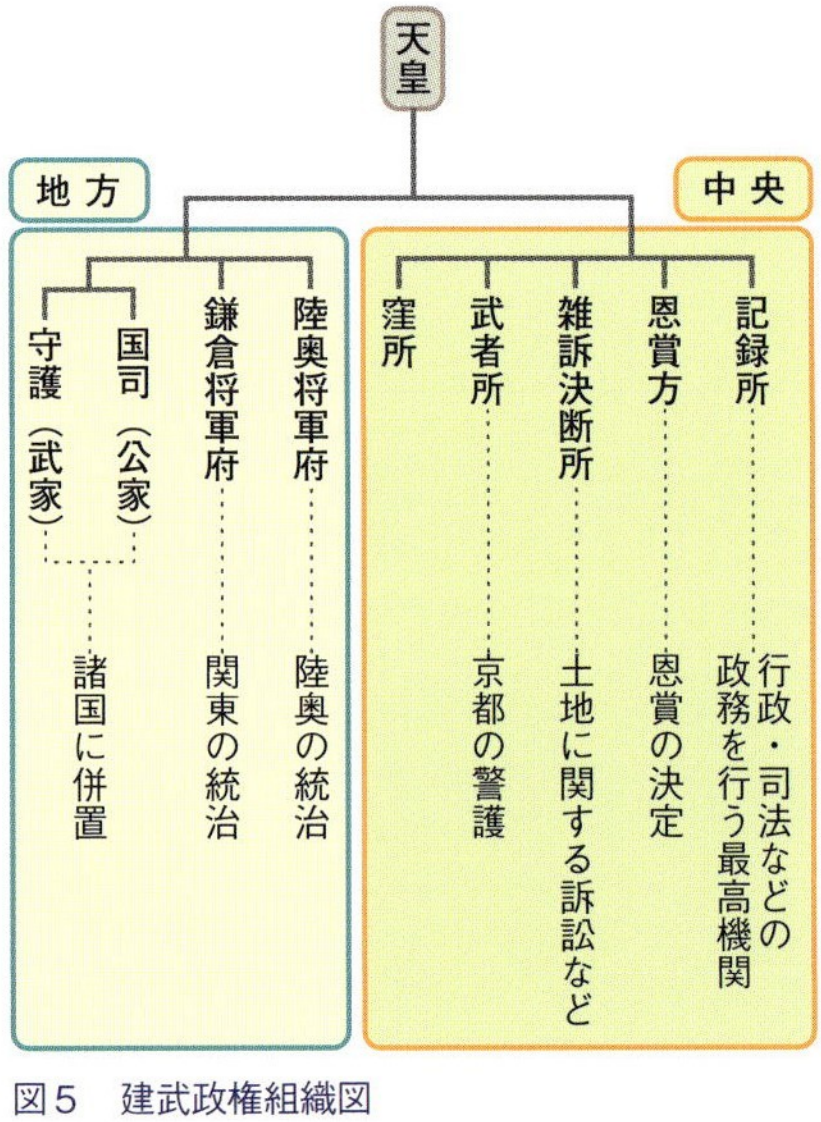

図５　建武政権組織図

『英雄百首』に描かれた高師泰■当社蔵

■尊氏暗殺計画■

こうしてざっと見ただけでも、尊氏がいかに後醍醐に厚遇されていたのかがよくわかるだろう。足利ファンの筆者でさえ、いささかうんざりするほどである。

そして反面、護良がいかに冷遇されていたかも改めて浮き彫りになる。当時、尊氏が政権の中枢から排除されている状況を、公家たちが「尊氏なし」とささやき合ったという著名な逸話があるが、それはうそである。「護良なし」こそが実態であった。

護良は、尊氏に差をつけられる一方であった。実は、建武政権下における護良の活動さえも、史料からはほとんどうかがえない。わずかに元弘三年（一三三三）一二月一一日に南禅寺《なんぜんじ》に参詣し、住職である*元僧《げんそう》明極《みんき》楚俊《そしゅん》の法話《ほうわ》を聴いたことくらいである（『明極録』同日条）。

焦った護良は、ついに尊氏にテロを仕掛けて暗殺することを思い立った。翌建武元年（一三三四）六月頃、護良の軍勢が尊氏邸を襲撃する風聞が立った。そこで尊氏は、大部隊を集結させて防御を固めて防いだ（以上、『梅松論《ばいしょうろん》』）。その後も尊氏は、外出の際には大勢の軍勢を供奉させて護良の襲撃を警戒している。

また、『太平記』巻第一二によれば、密かに諸国へ尊氏討伐を呼びかける令旨を発給したという（ただし、その実例は残存しない）。さらに、護良が蓄えた私兵が、毎夜京・白河を徘徊して少年・少女を殺害した。

＊明極楚俊■元の禅僧で、鎌倉末期に日本に渡来した。建長寺・南禅寺・建仁寺の住持を歴任し、建武三年（一三三六）に建仁寺で死去。失脚した後醍醐天皇の復位を預言したという伝承がある。

南禅寺■臨済宗南禅寺派の大本山。後醍醐天皇により、五山の第一とされたが、足利義満が相国寺を第一としたため、別格とされた　京都市左京区

辻斬りが事実であったか否かは不明であるが、平時にもかかわらず軍勢が京都に集結することは、当時、それだけで治安悪化の原因となったらしい。たとえば後年、暦応五年（一三四二）正月二一日、室町幕府の執事高師直が急病にかかったとき、洛中に軍勢が充満して騒動になった。その反省を踏まえて師直は、翌二月に足利直義も罹病した際には、見舞いを禁じる命令を出しているほどである。

要人の見舞いという「善意」のときでさえ、この有り様である。尊氏に明確な敵意を持つ護良の私兵がいかなる集団であったのか、推して知るべしである。しかも護良の私兵は、新井孝重の表現を借りれば「浮動的武装民」が主力であった。要するに、盗賊と紙一重のならず者の集団である。

以上、建武政権にとって護良は、存在するだけで秩序を崩壊させかねない不安定要因と化していたのである。

■諸説ある護良失脚の要因■

そしてついに、失脚の日が訪れた。建武元年一〇月二二日、清涼殿《せいりょうでん》でおこなわれる詩会に参加するために参内した護良は、後醍醐近臣の結城親光《ちかみつ》・名和長年に逮捕され、武者所に拘禁されたのである。翌朝、護良は常磐井殿《ときわいどの》へ移され、やがて一一月一五日に尊氏の重臣*細川顕氏《ほそかわあきうじ》に引き取られ、鎌倉の直義の許へ護送された。

尊氏が屋敷を構えた押小路高倉第跡の碑■初期室町幕府の政庁であったが、後に三代将軍義満が花の御所を築くと、同地には等持寺が建立された　京都市中京区

御所八幡宮■直義の三条殿の跡地にあり、足利義詮が直義を鎮魂する目的で勧請したと伝わる　京都市中京区

鎌倉では、護良は二階堂の薬師堂の谷に監禁された（以上、『梅松論』など）。

護良配下の南部・工藤以下数十人の武士も、武者所の番衆によって逮捕され（『梅松論』）、処刑された（『保暦間記』）。彼らは奥州出身の武士である。護良が北畠氏との姻戚関係を利用して、陸奥将軍府の存在を逆用して奥州の兵力を自らの私兵としたことは前述したが、史料からそれを裏づけることができるのである。

また、浄俊律師《じょうしゅんりっし》も護良に従っていた罪で処刑された（『尊卑分脈』）。浄俊は、かつて正中の変の首謀者として佐渡島で処刑された日野資朝の弟である。また、後に備後国鞆《とも》（広島県福山市）在陣の足利尊氏に光厳上皇院宣を届け、醍醐寺座主《だいごじざす》・東《とう》寺長者《じちょうじゃ》などを歴任した尊氏の護持僧《ごじそう》三宝院賢俊《さんぼういんけんしゅん》や、正二位権大納言まで昇進した北朝廷臣柳原資明《やなぎはらすけあき》も彼の兄弟である。

なお、護良が逮捕されたとき、護良の同志としてともに倒幕戦争を戦った楠木正成は、紀伊国飯盛山《いいもりやま》（和歌山県紀の川市）で勃発した北条氏残党の反乱を鎮圧するために同国に遠征していた。護良の逮捕が、このタイミングを見計らっておこなわれたことは明白である。

そして、同じく同志であった赤松円心は、倒幕の恩賞であった播磨守護職を没収された。後日、これを恨みに思った円心は、足利尊氏に味方して建武政権と戦うこととなる。

後醍醐が実の息子である護良を失脚させた理由は、諸書によって異なる。

*細川顕氏■足利氏一門で細川頼貞の子。兄弟には直俊・定禅・皇海がおり、それぞれ尊氏の重臣として全国各地の合戦で活躍した。文和元年（一三五二）に病死。この一流は「奥州家」と呼ばれている。

現京都御所の清涼殿■平安中期には天皇の居所として使用されたが、次第に儀礼の場として用いられるようになっていった。現京都御所の清涼殿は安政二年（一八五五）に再建されたものである　京都市上京区

『梅松論』では、護良の尊氏暗殺計画に憤った尊氏が後醍醐に抗議したためであるとする。ただし、同書は後醍醐自身が黒幕であったと述べる。

『太平記』巻第一二は、尊氏が抗議した点は『梅松論』に類似するが、後醍醐の寵姫阿野廉子を介して「護良が帝位を奪おうとしている」と讒言した部分が異なっている。

『保暦間記』に至ると、帝位簒奪は政敵の讒言ではなく、事実とされている。護良は二歳になる子息（興良親王）を即位させ、尊氏以下、敵対する武士を討伐する計画であったという。

要するに、失脚の理由としては、大別して「尊氏暗殺を企てたため（黒幕は後醍醐）」と「帝位簒奪を企てたため」とする説が存在するのである。そして研究史では、前者が支持される傾向があるように見受けられる。

さて、真相はどうだったのであろうか。行論の都合上、帝位簒奪説から検討しよう。

■護良は帝位を狙っていたのか？■

即位当初、後醍醐が護良を後継者にする構想を抱いていたとする所伝（『太平記』巻第一）は、護良の悲劇を際立たせるための、軍記物語による脚色と見るべきであろうと筆者は考えている。実際は、まず尊良、次いで世良、建武政権が発足してか

系図3　日野家略系図

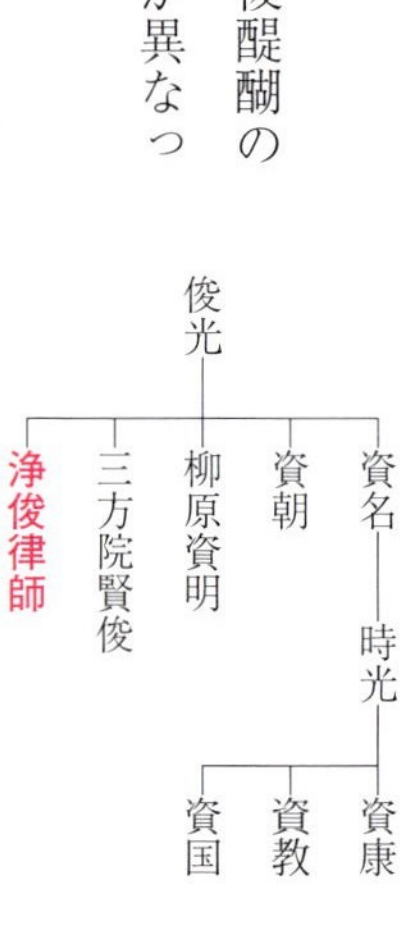

「准后大塔宮を讒する事」■阿野廉子が尊氏にそそのかされて護良を讒言する様子を描く　『絵本楠公記』　当社蔵

らは恒良が後継者候補となったことはすでに述べた。

恒良は、後醍醐が最も愛した阿野廉子が生んだ皇子である。廉子は隠岐に流された後醍醐に同行したほど彼の寵愛を受けた女性で、そのため恒良が最終的な後継者候補として確定したとするのが、暗黙のうちに定説とされてきたと考えられる（実際には、恒良が室町幕府に捕らえられて薨去したため、同じく廉子が生んだ義良が皇位を継承して後村上天皇となった）。

確かに、後醍醐が廉子や彼女が生んだ皇子たちを溺愛したことは事実であろう。しかし、それと皇位継承はまた別問題である。廉子の実家阿野家は、羽林家《うりんけ》に分類される公家だったらしい。羽林家は大納言が昇進の上限とされ、公家社会のランキングでは摂家《せっけ》・清華家《せいがけ》・大臣家《だいじんけ》の下位に位置する。正直、それほどの名門とは言えないのである。

この問題に関して、三浦龍昭が近年注目すべき研究成果を挙げた。元弘三年一〇月一二日、後醍醐の中宮西園寺禧子が死去し、そのわずか二ヶ月後の一二月七日、*珣《しゅん》子《し》内親王が新たな中宮として立后《りつごう》された。珣子内親王は、持明院統の後伏見法皇の皇女である。母は西園寺公衡《きんひら》の娘寧子で、光厳上皇の同母姉でもあった。皇族の女性であるのはもちろん、母親の実家西園寺氏も、前述したように鎌倉期には関東申次を世襲して権勢を誇った家であり、公家社会のランキングでも清華家に属していた。つまり、阿野廉子とは比べものにならない身分である。

＊珣子内親王■建武二年（一三三五）に幸子内親王を生むも、延元二年（一三三七）に死去した。新室町院の女院号を贈られている。

阿野廉子の墓■廉子は後醍醐天皇の隠岐配流にも同行するほど寵愛を受け、後村上天皇のほか、恒良親王や成良親王を生んだ。正平六年（一三五一）に南朝から院号宣下を受け、新待賢門院と称した。同十四年に観心寺で死去　大阪府河内長野市・観心寺境内

「中宮御産御祈之事付俊基偽籠居事」■珣子の安産祈祷をする場面を描く　『太平記絵巻』　埼玉県立歴史と民俗の博物館蔵

後醍醐は珣子と子作りに励んだ。その甲斐あって珣子は懐妊し、建武元年一〇月一六日、妊娠七ヶ月目の着帯《ちゃくたい》の儀式がおこなわれた。出産の無事を願って後醍醐は熱心に祈祷をおこなったが、その回数は六六回もの多数に及んだ。これは、当該期の天皇たちがおこなった安産祈祷の中でも断トツに多い。

　こうして見ると、後継者に関する後醍醐の構想は明確である。彼は皇族の女性との間に生まれた皇子を後継者にして、自己の系統が永続的に天皇に即位することを確実にする算段を持っていたのである。

　また、持明院統の皇族を配偶者に選んだことは、皇位から排除される同統の不満を緩和する最大限の配慮だったと思われる。さらに、珣子が西園寺氏の血をひいていることは、親幕派であった同氏を懐柔する狙いもあったであろう。前述のとおり、鎌倉期の後醍醐は、西園寺氏の

金崎宮■新田軍と足利軍が争った金ヶ崎城中腹に位置し、尊良親王と恒良親王を祀っている　福井県敦賀市

＊1西園寺公宗■西園寺実衡の子。西園寺家は代々関東申次をつとめていたため、建武政権下では冷遇された。そのため、公宗は地位の回復を図るため北条高時の弟泰家を匿い、後醍醐を暗殺して新政を覆そうとしたが、弟公重の密告によって逮捕され、配流途中に処刑された。

血をひく世良を後継者にする構想を持っていた。皇位継承に関する限り、彼の方針は倒幕後も変わらず首尾一貫していたのである。

となると、恒良は後醍醐にとって、珣子が生む未来の皇子が成人するまでの中継ぎの位置づけだったのではないだろうか。自身がかつて父帝後宇多にされた措置を、恒良にも下したと言える。

しかし、建武二年（一三三五）三月一四日に誕生したのは皇女であった（幸子内親王）。その三ヶ月後、*1西園寺公宗《きんむね》（珣子の甥）の謀反計画が発覚し、やがて関東では北条高時の遺児時行《ときゆき》による*2中先代《なかせんだい》の乱が勃発。建武政権の崩壊へとつながっていくのである。

話が脱線した。本題に戻すと、母親の貴種性にこだわる後醍醐が、母親の正確な出自でさえ不明である護良に皇位を継がせる意図を、まったく持っていなかったことは確実である。彼が護良に期待したことは、僧侶として仏教界のトップに君臨することであった。だからこそ、倒幕直後に再出家を命じたのであり、この点も後醍醐の方針は一貫している。

このような状況の下、護良が帝位を狙っていたというのも現実的には考えがたい。自身の立場は、護良自身がもっとも自覚していたのではないだろうか。彼が建武政権で栄達を望んでいたのは確かであろう。しかし、それは帝位ではなく、征夷大将軍の自称からうかがえるように、政権の軍事部門の統括者的な立場だったに違いな

＊2中先代の乱■鎌倉幕府の滅亡後、信濃の諏訪氏に匿われていた北条高時の遺児時行が建武二年七月に挙兵した事件。一時的に鎌倉を支配するも、二十日足らず尊氏方に奪還された。「中先代」は執権北条氏を先代、足利氏を当代と呼ぶことに対する呼称。

「北山殿謀叛事」■西園寺公宗等が密談している様子を描く　『太平記絵巻』　国立歴史民俗博物館蔵

い。と言っても、「幕府復活」のような大それた野望ではなく、「天皇の侍大将」くらいの存在であったと考えられる。帝位簒奪の野望は、尊氏側がそう讒言した可能性は存在するであろうが、事実であったと見ることはできないのである。

なお、護良の皇位簒奪の野望を主張する『保暦間記』の作者は、足利方の武士であるとする説が有力である。となると、尊氏と敵対した護良の悪意を過剰に強調した可能性は十分にあるだろう。

■後醍醐は黒幕なのか？■

というわけで、護良が失脚したのは尊氏暗殺を企てたためであると考えられる。しかし、後醍醐がその黒幕であったとする史料的根拠は、実は『梅松論』だけである。『梅松論』は『太平記』よりもはるかに古くに成立した書で、その史料的価値には定評がある。しかし、足利氏寄りの立場であるため、同書が語る「史実」はともかく、その「歴史観」は鵜呑みにできないと筆者は考えている。すなわち、この歴史書は室町幕府樹立の正統性を強調するために、建武政権の悪政や足利氏への冷淡な仕打ちを誇張して述べている可能性が高いのである。

一例を挙げれば、同書は建武政権に所領を没収された武士が恨みを抱くなどして、公家と武家の対立が激化したと述べる。しかし、近年の研究によれば、建武政権は

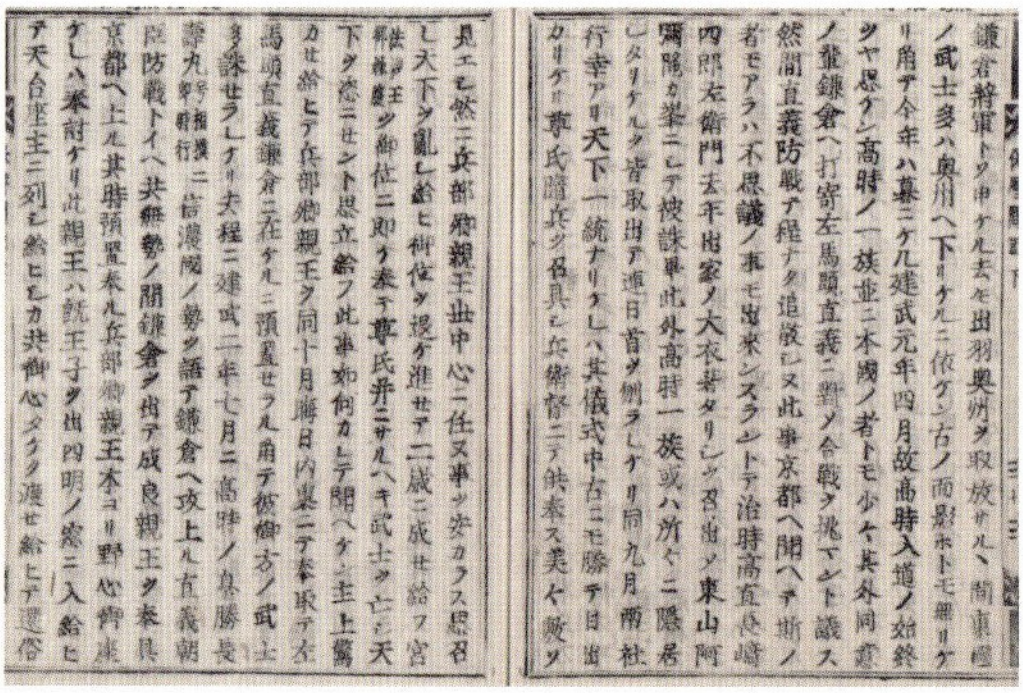

『保暦間記』■護良親王の失脚部分を記す。『保暦間記』は南北朝時代に成立した歴史書で、保元の乱から後醍醐天皇の死去までを描く。作者は明らかではないが、足利方の武士であったことが有力視されている　国立国会図書館蔵

武士層に莫大な恩賞を与えていた。実際、北畠親房も武士の世の中になったと慨嘆しているほどである。

となると、後醍醐黒幕説も、『保暦間記』の帝位簒奪説と同様、尊氏謀反の妥当性を強調するために『梅松論』が加えた脚色であった可能性が高いのではないだろうか。そもそも『梅松論』の作者は、後醍醐黒幕の証拠をどこでつかんだのだあろうか。当時、そうした噂が出たことまでは否定できないが、それが事実であったか否かはまた別問題である。

前述の足利氏の優遇ぶりを見れば、後醍醐が陰で尊氏暗殺を支持していたなど、荒唐無稽にすぎないのではないか。後醍醐にとって、足利氏は建武政権を支える最大勢力であり、それを滅ぼすなど自殺行為である。後年、足利義満《よしみつ》が山名《やまな》氏・大内《おおうち》氏といった有力守護に打撃を与えたように、政権基盤が確立した安定期であれば、力を持ちすぎた部下を粛清することもありうるだろう。しかし、当時は建武政権が発足したばかりで、全国各地で北条氏残党の反乱が相次ぐなど、その基盤は不安定であった。あらゆる意味で、後醍醐が尊氏滅亡を画策していたとは考えられないのである。

（右）大内義弘画像■防長を中心に勢力を誇る有力守護であったが、足利義満ににらまれ堺で挙兵するも、幕府方の大軍に敗れ滅亡した（明徳の乱）　山口県立山口博物館蔵　（左）大内義弘の墓■大阪府堺市・本行寺

■尊氏への嫉妬■

後醍醐から見た護良は、倒幕に果たした貢献は確かに絶大なものがあった。しかし、再出家の命令に従わずに勝手に将軍を名乗り、綸旨と矛盾する令旨を発給して政治を混乱させた。何より、最大の功労者である足利尊氏を公然と敵視し、テロ攻撃を企てた。少なくとも上質とは到底言えない私兵を養い、京都に駐留させて治安を悪化させた。

これでは、粛清されないほうがむしろおかしいのではないだろうか。建武政権が発足してから護良失脚まで一年数ヶ月経っているのは、彼が天皇の実子であったがゆえの温情であろう。

それにしても、なぜ護良は尊氏をここまで目の敵にしたのであろうか。よくなされる説明としては、護良は幕府に近い政体を理想とする構想を抱いており、同様の構想を抱く尊氏と衝突したとするものであろう。筆者も、同様のことを論じたことがある。

しかし最近は、「政権構想の競合」といった大層な話ではなかったのではないかと考えている。そもそも尊氏は、幕府を再興する意図など持っていなかった。尊氏は弟直義に強引に引きずられる形でやむをえず挙兵したのであり、最後まで後醍醐との和解を目指していた。また護良も、そこまでの野望は持っていなかったであろうことは前述したとおりである。

「尊氏の将士出陣の図」■尊氏のほか高師直等が描かれている　『日本百将伝一夕話』当社蔵

「箱根竹下合戦事」■箱根・竹之下合戦での尊氏軍の活躍を描く　『太平記絵巻』　国立歴史民俗博物館蔵

結局、護良は尊氏の栄達に嫉妬しただけだったのではないだろうか。足利氏は代々北条氏と姻戚関係を重ね、北条氏に類似した家政機構を保有するなど、「准北条一門」とも言える武家であった。梶井門跡での教育によって父帝以上に東国の武家を憎悪する護良にしてみれば、尊氏など、本来であれば北条一門と同様に滅ぼすべき存在であったのである。

それが、倒幕戦争の最終段階で寝返ったばかりか、天皇の実子である自分を差し置いて、新政権下で破格の厚遇を受け続けている。父帝が隠岐に流されて綸旨を発給できない間、自分が令旨を発給して戦争を主導した。そう自負する護良にとって、尊氏は本当に許せない存在だったのではないだろうか。

護良の失脚は、嫉妬・羨望といった個人的な感情が歴史を動かした一例であると考えられるのである。

系図4　足利氏略系図

義家―義国―義康―義兼―義氏―泰氏―頼氏―家時―貞氏―高義

貞氏―尊氏―直冬／義詮／基氏

貞氏―直義

足利尊氏の墓■延文三年（一三五八）四月二十九日に死去した尊氏の葬儀は真如寺でおこなわれ、その後、等持院に葬られた　京都市・等持院

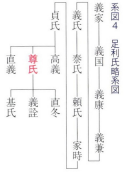

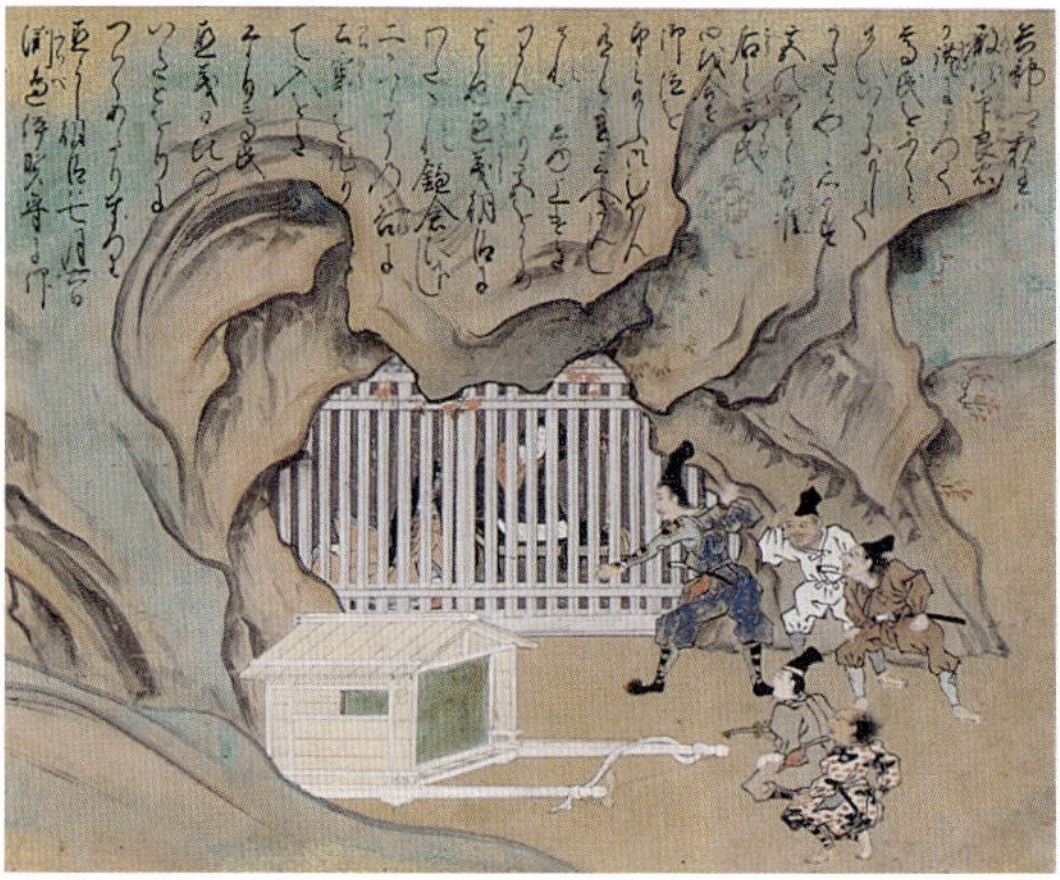

「兵部卿宮薨御事付干将莫耶事」■土牢に幽閉される護良を描く　『太平記絵巻』　国立歴史民俗博物館蔵

■護良の死■

鎌倉に幽閉された護良は、「武家よりも君のうらめしくわたらせ給ふ」（尊氏よりも天皇が恨めしい）と独り言を述べたという（『梅松論』）。古来より有名な台詞であるが、これも息子である自分を差し置いて、尊氏を選んだ後醍醐を恨んだ言葉と素直に解釈したほうがよさそうである。

護良が鎌倉に幽閉されてから、およそ八ヶ月が経った。建武二年七月（近年は六月説もある）、北条高時の遺児時行*が、信濃国で反乱を起こした。中先代の乱である。時行軍は関東地方に侵入し、足利直義が派遣する軍勢を次々と撃破した。ついに直義自らが出陣し、武蔵国井出沢《いでさわ》（東京都町田市）で時行軍を迎え撃つが敗北。直義は鎌倉を放棄し、成良親王を奉じて東海道を西へ敗走した。

護良が薨去したのは、このときのことである。直義が部下の淵辺義博《ふちのべよしひろ》に命じて、護良を殺害させた。このとき護良が頑強に抵抗し、淵辺の刀を歯で咥えて折った逸

護良が監禁されたと伝わる土牢■神奈川県鎌倉市・鎌倉宮境内

＊北条時行■北条高時の子で、母は安達時顕の娘。中先代の乱で一時鎌倉を占領するも、すぐに尊氏方に奪還された。その後は南朝方に帰順し、青野原の戦いなどに参戦している。関東を中心に活動し、正平八年（一三五三）に足利基氏方によって処刑されたと伝わるが、詳細はよくわかっていない。

護良を殺害しようとする淵辺義博■『國史画帖大和櫻』 当社蔵

話が有名である（『太平記』巻第一三）。

時に、建武二年七月二三日の出来事であった（『鎌倉大日記《かまくらおおにっき》』など）。享年二八歳、あまりにも若すぎる死である。また、彼が歴史の表舞台で活躍したのも、わずか三年ほどにすぎない。しかし、その生涯は後世の人々に強烈な印象を残した。公家社会では、護良の先例は不吉として忌避され続けた。たとえば応永三五年（一四二八）、青蓮院門跡義円《ぎえん》が還俗して室町幕府六代将軍足利義教《よしのり》となったときも、護良の還俗になぞらえて批判の声が上がったほどである。

直義が護良を殺害した理由について、鎌倉を占領した時行が護良を奉じる展開を恐れたためとする見解が近年、有力である。しかし、別の機会に論じたことがあるが、筆者はこの説には懐疑的である。

護良親王の墓所■神奈川県鎌倉市・理智光寺跡。淵辺義博によって殺害された護良親王の首は打ち捨てられていたが、理智光寺の長老に拾われ、同寺に葬られたという。理智光寺は明治時代に廃寺になった。このほか、同じく鎌倉の妙法寺にも護良の墓がある

『鎌倉名勝図』に描かれた護良の墓周辺■当社蔵

護良親王の首塚とされる御構廟■神奈川県鎌倉市・鎌倉宮

＊淵辺義博■相模国淵辺の領主で、足利直義の配下。直義の命により護良を殺害した。『太平記』によると、打ち取った首は近くの藪の中に捨てたといい、それが右写真の護良親王首塚（御構廟）とされる。一方で、護良を哀れんだ義博が、護良を陸奥に逃がしたという伝承もある。

連戦連勝で勢いに乗る時行が、父の仇で後醍醐以上に強硬な反北条氏の姿勢を有する護良を担ぐとは考えづらい。喜んで血祭りに挙げ、規定の計画どおり持明院統の皇族との連携を模索したであろう。護良の気質から考えても、北条氏の神輿にあまんじることなど嫌ったに違いない。

結局、直義は乱戦のどさくさに紛れて、大して深い考えもなく護良の殺害を命じたと思われるのである。ただし、いかなる理由であれ、直義が皇族を平然と暗殺できる人間であったことは注目できる。また、彼の暗殺が後に建武政権で問題とされ、結果的に尊氏が挙兵せざるをえない状況に追い込まれた一因となったことは確かであろう。

■護良の鎮魂と伝説■

護良の死後、室町幕府の樹立および南北朝分裂に至るまでの歴史については諸書が詳しく論じてきたところであるので、本書では割愛する。ただし、建武二年一二月五日、駿河国手越河原《てごしがわら》（静岡市）で足利直義が新田義貞率いる建武政権軍と戦った際、淵辺義博*が戦死したことは付け加えておきたい。護良を討ってから、わずか半年後であった。

貞和三年（一三四七）、室町幕府は三条殿足利直義の執政が一応軌道に乗り、つ

淵辺義博居館跡■神奈川県相模原市

新田義貞像■東京都府中市

各地に残る護良親王の伝承
新潟県長岡市
小国町・大塔塚
護良の墓とされる
宮城県石巻市・
一皇子神社
淵辺義博が護良を殺害
せずに石巻に逃がした
とする伝承があり、護
良を祭神として祀る。
境内には護良の墓も
ある
栃木県佐野市・浅沼八幡宮
殺害された護良の首を、
家臣の阿曽沼が同地に
運んだという
千葉県東金市・妙宣寺
護良の娘華蔵姫の伝承が残り、
同姫の供養塔がある
静岡県駿東郡清水町・智方神社
護良を祭神として祀り、境内には
墓（首塚）がある

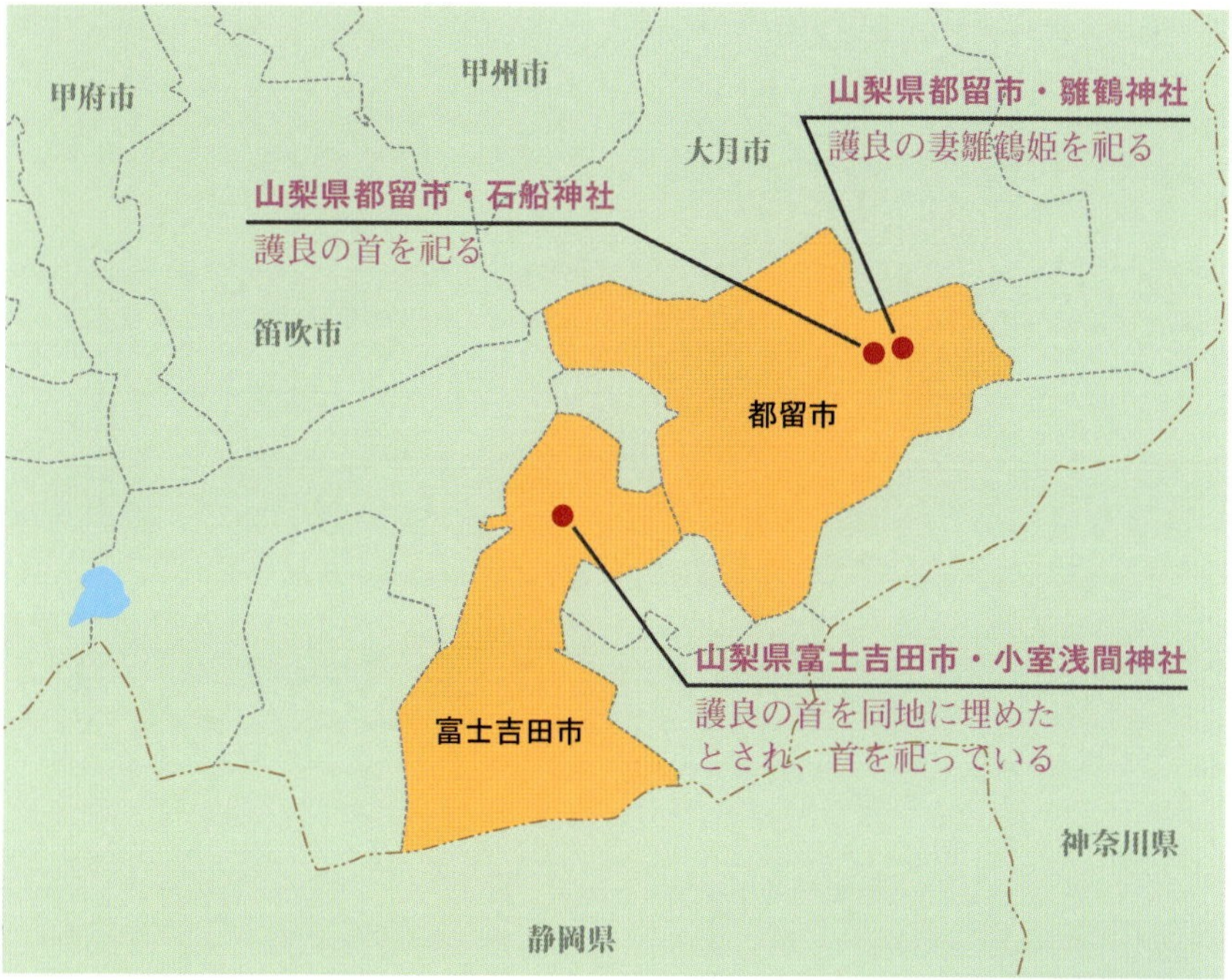
甲府市
甲州市
山梨県都留市・雛鶴神社
護良の妻雛鶴姫を祀る
大月市
山梨県都留市・石船神社
護良の首を祀る
笛吹市
都留市
富士吉田市
山梨県富士吉田市・小室浅間神社
護良の首を同地に埋めたとされ、首を祀っている
神奈川県
静岡県

座間市
大和市
横浜市
厚木市
海老名市
綾瀬市
伊勢原市
王子神社
護良の首を祀り、境内には首を洗ったとされる井戸もある
戸塚区
寒川町
藤沢市
平塚市
茅ヶ崎市
鎌倉市
大磯町
逗子市
理智光寺跡
護良の墓がある
葉山町
鎌倉宮
護良を祭神として祀り、境内には護良が幽閉されたとされる土牢や御構廟がある
横須賀市
三浦市

護良親王供養塔■奈良市・般若寺

かの間の安定期を迎えていた。この頃、鎌倉東光寺《とうこうじ》が利生塔《りしょうとう》を建立した。利生塔とは、建武の戦乱における戦没者の冥福《めいふく》を祈るため、安国寺《あんこくじ》とともに幕府が各国に建立した塔である。七月二三日、直義は東光寺の利生塔建立を祝賀し、護良親王の冥福を祈らせた（『竺仙録《じくせんろく》』）。

　また、護良の死は伝説化された。護良の愛妾であった南御方《みなみおかた》は、護良の首を携えて都に向かった。そして、甲斐国秋山《あきやま》の里（山梨県上野原市）で護良の子を生むが、難産で死んでしまう。これが「雛鶴伝説《ひなつるでんせつ》」である。この伝説に関連して、相模国北部から甲斐国南《みなみ》都留《つる》地方にかけて、現代でも護良や南御方にちなむ地名や神社などが分布する。

　中でも注目できるのは、山梨県都留市の石船《いしふね》神社に護良とされる首が現代も大切に保存され、祀られていることである。この首は頭蓋骨に復顔が施され、金箔《きんぱく》が貼られて目には水晶《すいしょう》が入れられている。

（右）護良親王首洗井戸　（左）同碑■殺害された護良の首は侍女が夜中に盗み取って当地の井戸で洗い清め、王子神社に葬ったとされる　横浜市戸塚区・王子神社

第二章 護良の遺児・興良親王

■大塔若宮と称される■

護良には、遺児がいた。北畠親房の妹との間にできた子だとされる（『太平記』巻第三四）。護良が失脚した建武元年（一三三四）当時に二歳だったというので（前掲『保暦間記』）、これに従えば、誕生は前年の元弘三年（一三三三）である。鎌倉幕府と命懸けで戦い、畿内各地でゲリラ活動をおこなっている最中にもうけた皇子というわけである。少なくとも、筆者にはとうてい真似のできない偉業である。

この遺児は、父護良が大塔宮であったことにちなんで、当初は「大塔若宮」と称された。建武三年六月、足利尊氏の大軍が西国から攻め寄せると、大塔若宮は祖父後醍醐天皇とともに比叡山に避難した。その後、後醍醐と別れて八月一日から石清《いわし》水《みず》八幡宮に移った（以上、延元二年〈一三三七、北朝建武四〉三月日付岸和田治氏軍忠状案、筑後和田文書）。

建武四年四月頃には、和泉国槇尾寺（大阪府和泉市）を城郭化し、ここを本拠としていた（延元二年八月日付岸和田快智軍忠状案、同文書）。そして、和泉・河内で軍

石清水八幡宮■同宮が所在する男山は、南北朝期にしばしば城郭として利用されている　京都市八幡市

事活動をおこなう一方、令旨を発給して軍勢催促や恩賞充行・所領安堵を行使している。とくに延元元年（一三三六、北朝建武三）一二月二日付で紀伊国粉河寺行人に同国平田荘を所領安堵した令旨は、前述の元弘三年四月一八日付「故兵部卿親王令旨」、すなわち護良の令旨が根拠とされており（案文、紀伊粉河寺文書）、注目できる。

以上をまとめると、建武三年から翌四年にかけて、大塔若宮は河内・和泉・紀伊方面で室町幕府の和泉・紀伊守護＊畠山国清《はたけやまくにきよ》らと交戦していたのである。これはもちろん、父の護良がこれらの地域を地盤とし、建武政権期においても知行国主を務めていたことを南朝が踏まえての戦略であろう。

■第三王朝設立構想■

しかし大塔若宮は、その後、河泉方面から姿を消す。大和国吉野で後醍醐天皇の猶子《ゆうし》となり、親王宣下を受けたのである（興国《こうこく》三年〈一三四二、北朝康永《こうえい》元〉五月二六日付北畠親房袖判御教書写、肥後阿蘇文書）。元服して「興良《おきよし》」と名乗ったのも、このときであろう。

それから興良親王は東国に向かい、正確な時期は不明であるが、一時駿河国の狩《か》野《の》貞長《さだなが》の許に滞在し、ここを訪れた宗良親王（妙法院門跡尊澄法親王が還俗した姿）

興良が城郭を構えたとされる施福寺（槇尾寺）■大阪府和泉市

＊畠山国清■足利一門の畠山家国の子で、尊氏に従い各地の合戦で軍功を上げた。和泉・紀伊守護をつとめた後、足利基氏が鎌倉公方として関東に下向すると、基氏の補佐として付けられた。後に幕府内の政争に巻き込まれて失脚した。

と面会した（『李《り》花《か》集《しゅう》』）。そして、暦応四年（一三四一）夏頃に常陸国に出現した（前掲興国三年五月二六日付北畠親房袖判御教書写）。

当時の関東地方では、北畠親房が南朝軍の総帥として、室町幕府の関東執事高師《もろ》冬《ふゆ》と死闘を繰り広げていた。親房の甥にあたる興良は、南朝の権威を強化する旗印として、関東に迎えられたのである。

関東戦線は、当初は南朝優勢であった。師冬は、当時親房が籠城していた常陸国小田《おだ》城（茨城県つくば市）から遠ざかる一方で、関東を流浪しているとさえ形容できる惨状であった。そのため親房は、かの有名な歴史書『神皇正統記』を執筆する余裕があったのである。

しかし、暦応四年に入ると、南朝廷臣の前関白近衛《このえ》経忠《つねただ》が分派行動を企て、近衛家と同じ藤原氏である関東の小山《おやま》氏や小田氏に藤原同盟結成を呼びかけた（「藤氏一揆《とうしいっき》」）。南朝で内紛が勃発したのであり、これを契機に戦況は逆転し、師冬は小田城攻撃を本格化さ

北畠親房肖像■土佐光武画　京都市立芸術大学芸術資料館蔵

親房が常陸で最初に拠点とした神宮寺城跡の碑■茨城県稲敷市

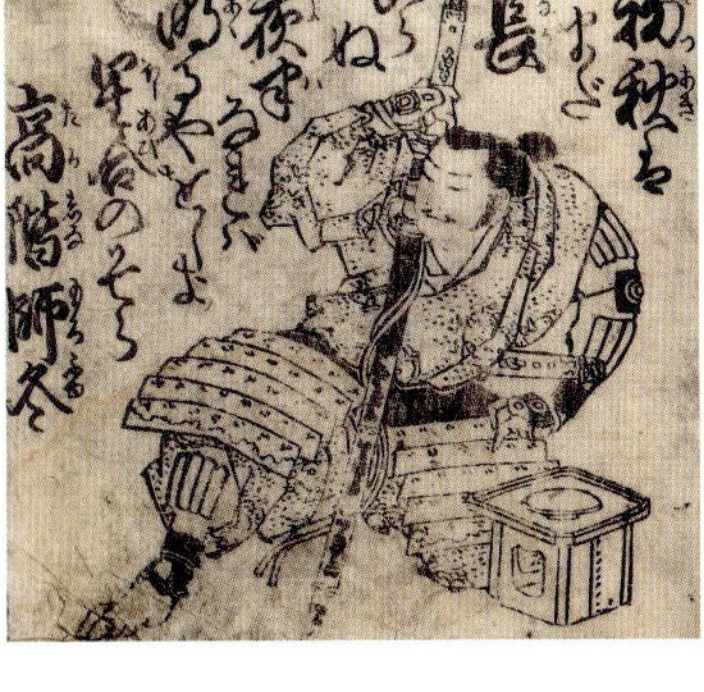

『続英雄百首』に描かれた高師冬■当社蔵

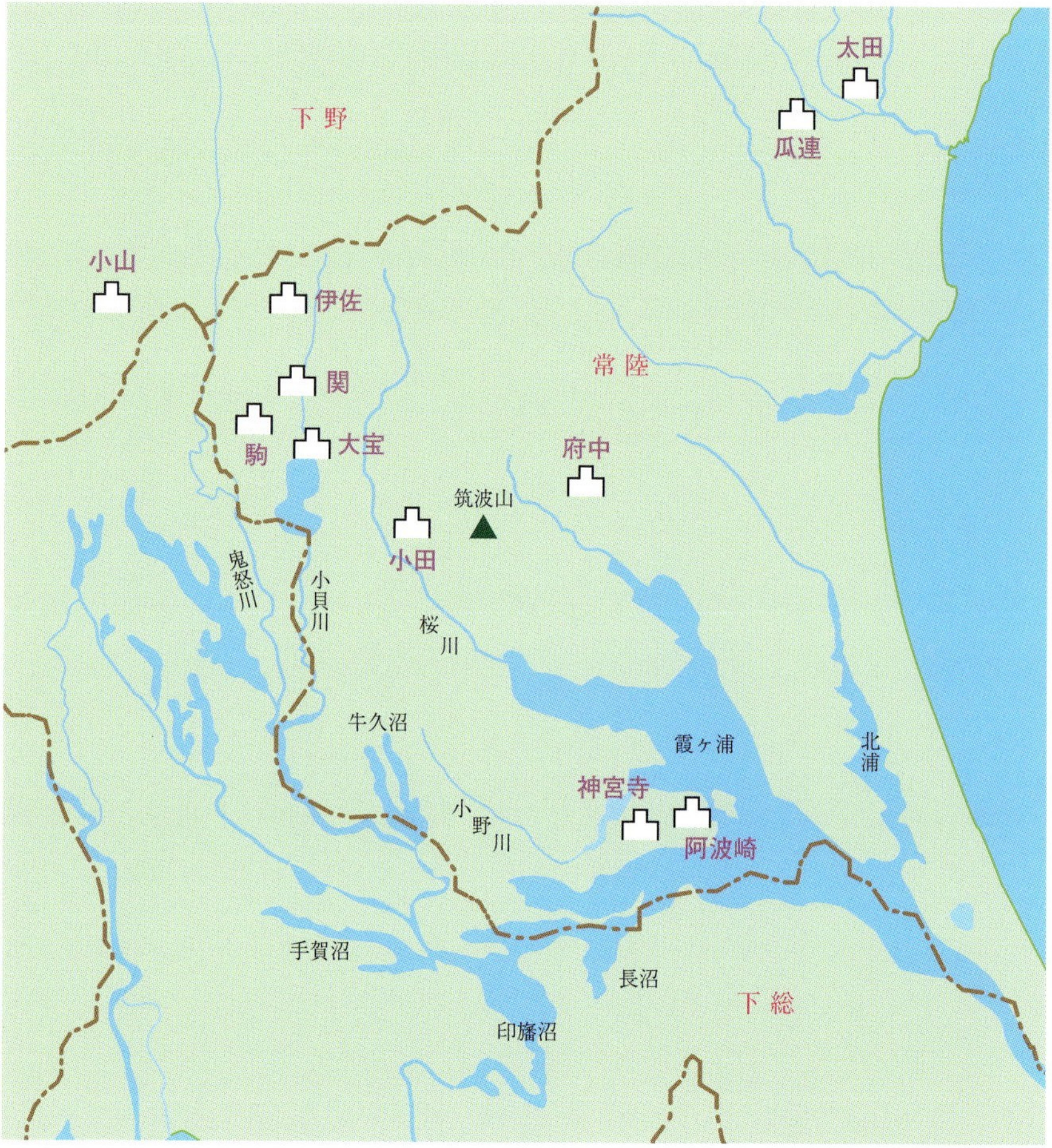

図6　南北朝期の常陸周辺図

小田城跡■小田氏の祖である八田知家の居館をもとに発展したといわれ、中世を通じて小田氏の居城であった。現在は国の史跡に指定されている。親房を迎え入れた当時の当主小田氏治は、暦応四年に北朝方に下り、以後は南朝方の関・大宝両城の攻略にあたった　茨城県つくば市

せた。興良が関東にやってきた頃は、このような状況だったのである。

同年一一月、小田城主小田治久《はるひさ》はついに幕府に降伏した。そのため、親房は常陸国関《せき》城（茨城県筑西市）、部下の春日《かすが》顕国《あきくに》は同国大宝《だいほう》城（茨城県下妻市）に移り、なお抗戦を継続した。興良は、大宝城に入ったらしい（『常陸誌料』）。

ところが、康永二年（一三四三）五月以前、興良は突然大宝城を出て、下野国の有力武士小山朝郷《ともさと》の許へ出奔した。このことを明記する史料は実は存在しないようであるが、状況からそう判断されている。前年から、興良は朝郷の勧誘を受けていた形跡もある。朝郷は、興良を奉じて自らは鎮守府将軍となり、南朝・北朝とは別個の第三王朝を樹立する志向を見せたと言われている。

なぜ興良は、親房を裏切って朝郷の誘いに応じたのか。一因として、親房が南朝の皇族（この人物に関して詳細は不明）を新たに吉野から呼び寄せたことに反発したことが指摘されている。しかし、原因と結果は逆で、興良が出奔したからこそ、新たな皇族を招かざるをえなかった可能性もあるのではないだろうか。新皇族が親房の許に到着したのは五月一日であるが、興良が出奔した正確な日時は不明なのである。

また、興良が存在するために、吉野からの命令系統や報告ルートが親房に一元化せずに混乱した可能性も指摘される。この点、綸旨と令旨が競合し、父子相剋の一因となった護良を彷彿させる。

大宝城跡に建てられた大宝八幡宮■茨城県下妻市

小山氏の居城祇園城跡の空堀■栃木県小山市

ともかく、興良と親房の間に何らかの確執があったことは確かであろう。ただし、当時の興良は一〇歳の少年だったので、主体的に行動したとは考えられない。南朝内部で親房と敵対する勢力が、興良を担いだのが真相だったと思われる。

親房は、興良の行動を「楚忽《そこつ》の御振る舞い」と厳しく批判した。しかし一方では、「敵の手に渡ってお亡くなりになる事態は、ひとえに家の傷となるであろう」と心配する感情も見せている（以上、〈興国四年［一三四三、北朝康永二］〉五月六日付範忠書状写、白河結城家文書）。

内紛が相次ぐようでは、関東の南朝に勝ち目はなかった。同年一一月、関城・大宝城も陥落し、親房は吉野へ撤退した。興良もまた、畿内へ戻ったと考えられている。

■赤松則祐に奉じられる■

観応元年（一三五〇）頃から、「兵部卿親王」「宮将軍」「常陸親王」と称する南朝皇族が、中国地方を中心に、かなり多数の令旨を発給したことが知られる。内容も、軍勢催促・感状・所領安堵・官職任命と多岐にわたっている。この親王は興良であったと考えられている。

この頃、敵の室町幕府では将軍足利尊氏―執事高師直と足利直義の対立が激化し、軍事衝突に発展していた。いわゆる観応の擾乱である。一時は直義軍が勝利し、観

北畠親房の墓■関東を落ち、吉野へ戻った親房は後村上天皇を補佐し、南朝の中心となった。後に高師直に逐われて賀名生（奈良県五條市）に落ちのびると、正平九年（一三五四）に同地で没した。墓も賀名生に所在する。このほか、奈良県宇陀市の宝生寺にも親房のものとされる墓がある

応二年二月二六日に摂津国武庫川《むこがわ》辺で師直以下、高一族が惨殺され、尊氏・直義は講和した。しかし、尊氏・直義両派の対立は終息せず、京都は不穏な情勢が続いた。

同年七月頃、播磨守護赤松則祐が突然南朝に寝返り、興良を大将に擁立し、吉野・十津川の郷民および楠木・和田氏の軍勢と京都に攻め上る構えをとった（『太平記』巻第三〇）。事実、播磨国矢野《やの》荘に対する飽間《あくま》斎藤《さいとう》九郎《くろう》の濫妨停止を興良が則祐に命じた令旨も現存しており（正平六年〈一三五一、北朝観応二〉九月二九日付宮将軍令旨、山城東寺百合文書せ函）、則祐の興良推戴が事実であったことが裏づけられる。

すでに述べたように、赤松則祐はもともと比叡山の僧侶で、興良の父護良が挙兵した当初から彼に従い、畿内各地を転戦していた。護良の失脚を契機として尊氏の重臣となっていたが、この段階で護良流皇族との関係が復活したのである。このため、興良は「赤松宮」とも呼ばれること

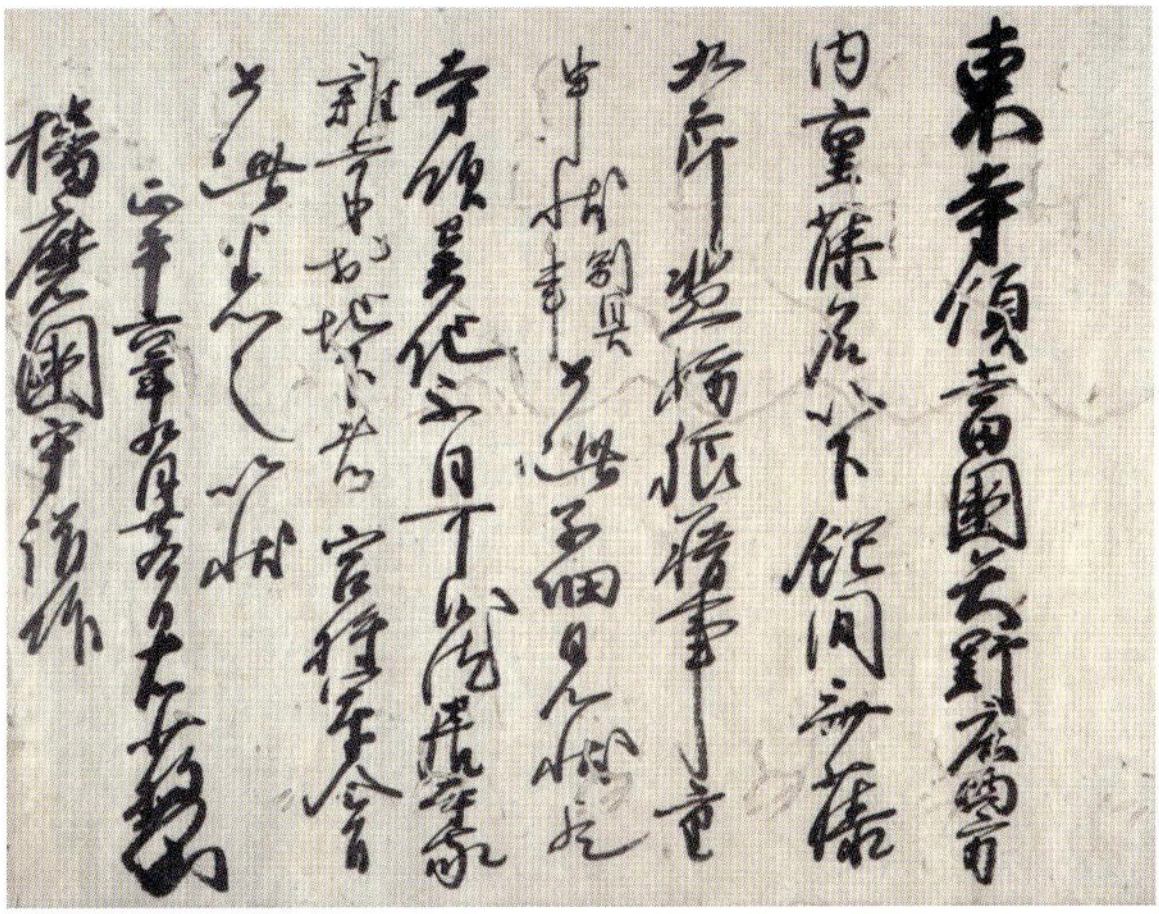

正平6年9月29日付け宮将軍某令旨■「東寺百合文書」 京都府立京都学・歴彩館蔵

（右）佐々木高氏（京極導誉）肖像模本■滋賀県甲良町・勝楽寺蔵 （左）勝楽寺の導誉の墓

となった。なお同時期、近江国を地盤とする佐々木導誉《ささきどうよ》（則祐の妻の父）も南朝方に転じ、尊氏・直義・義詮《よしあきら》（尊氏の嫡子。後の二代将軍）の討伐を命じる後村上天皇綸旨を拝領している。

則祐・導誉の裏切りに激怒した尊氏は、導誉を討伐するために近江国へ出陣した。義詮も、則祐を倒すために播磨国へ向かった。だが、これは京都の直義を挟撃するための尊氏の謀略であった。これに気づいた直義は、七月三〇日の深夜に自派の武将を引き連れて北陸方面へ没落した。尊氏・直義兄弟の戦いはなおも続くが、最終的に直義が敗北し、翌観応三年二月二六日、師直が死んだちょうど一年後に直義は死去した。

だが、一時、則祐や導誉が本気で幕府を裏切ったことは確かであると筆者は考えている。尊氏はその卓越した政治力を駆使し、この逆境を逆用して直義打倒にうまく活用したのだと思う。尊氏は直義を倒すために南朝に降伏する離れ業をやってのけるが（正平《しょうへい》の一統《いっとう》）、その交渉には赤松氏が持つ南朝とのパイプも当然利用されたに違いない。

観応三年三月、正平の一統が破綻して尊氏と南朝がふたたび敵対すると、則祐は尊氏に従う。つまり興良は、用済みとなってしまったのである。興良は四月頃まで令旨を発給しているが（正平八年四月二五日付常陸親王令旨写、諸家文書纂所収三刀屋文書）、やがて不本意ながら京都に上り、囚人のように扱われた（『太平記』巻第三四）。

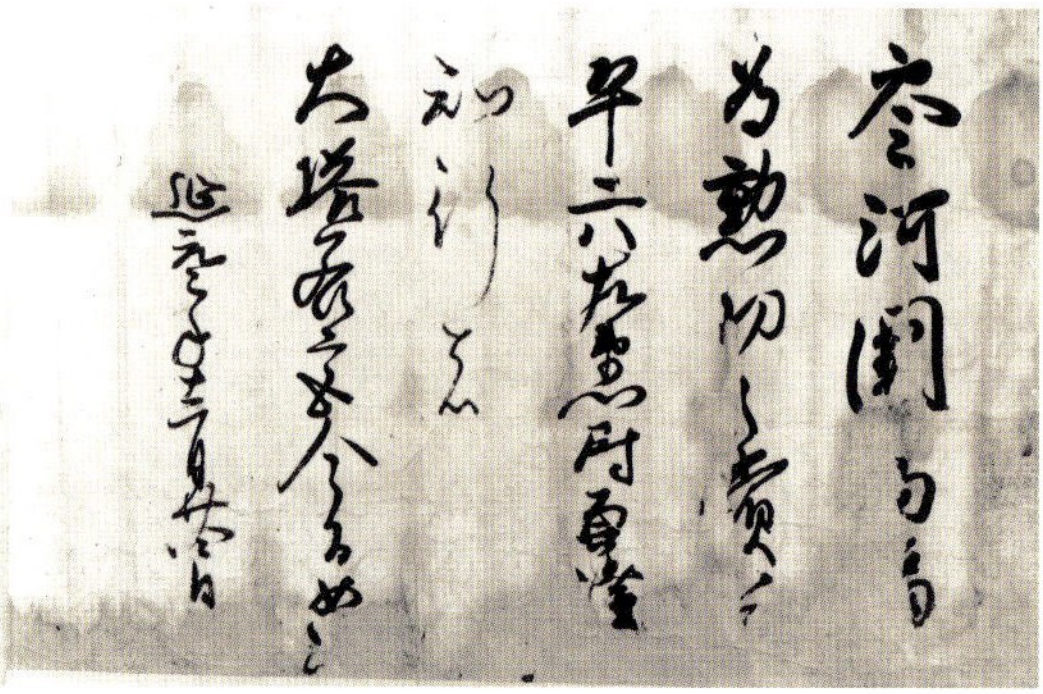

大塔若宮興良親王令旨　十津川村歴史民俗資料館蔵

■賀名生を破壊する■

その後、興良は但馬《たじま》国へ逃れて高山寺城《こうざんじ》（兵庫県丹波市）に入り、但馬・丹波両国を制圧した。そして、赤松則祐に復讐するために山陽道《さんようどう》に出て、摂津国甲山《かぶとやま》（兵庫県西宮市）で則祐軍と交戦する。しかし、敗北して河内国へ没落し、やがて吉野の山奥に籠もった（以上、『太平記』巻第三四）。

興良親王が入った高山寺城跡■兵庫県丹波市

延文三年（一三五八）、将軍足利尊氏が死去し、嫡子義詮が後を継いで二代将軍となった。義詮は、自らを補佐する執事に*細川清氏《きようじ》を起用した。新執事清氏は、南朝に大軍を派遣して軍事的に大打撃を与えることを企画した。この計画に、当時、鎌倉公方足利基氏《もとうじ》（義詮の弟）の下で関東執事を務めていた畠山国清も賛同し、大軍を引き連れて上洛した。

翌延文四年一二月、細川清氏は将軍義詮を奉じ、畠山国清とともに出陣した。戦況的には幕府軍の圧勝で、河内国内にある南朝の軍事拠点を次々と陥落させ、大戦果を挙げて京都に引き

*細川清氏■足利一門の細川和氏の子で、観応の擾乱では尊氏方として戦い、軍功を上げた。尊氏の死去後は義詮の執事に就任するも、佐々木導誉等と対立し、義詮の追討によって南朝に降った。その後は地盤の四国で活動するも、白峰城で細川頼之と戦い、討ち死にした。

足利義詮画像■東京大学史料編纂所蔵

揚げた。

南朝にとってはただでさえ頭の痛い事態であるが、さらに痛いことに、このとき興良が謀反を起こしたのである。

興良は、劣勢の南朝を救うために戦いたいと強く希望したので、南朝は赤松氏範《うじのり》に吉野一八郷の兵をつけて興良の許へ遣わした。赤松氏範は、赤松円心の四男で三男則祐の弟である。観応の擾乱以降、兄則祐との不和によって南朝方に転じ、吉野に滞在していた。おそらく、興良を捨てて幕府に帰順する則祐の方針に反発して衝突したのではないだろうか。

ともかく、こうして興良はひさびさに手兵を得たわけであるが、突然変心し、密使を将軍義詮の許へ派遣し、南朝を滅ぼすので吉野の支配を承認してほしいと申し出た。南朝を一層窮地に追い込む興良の提案を、義詮は当然喜んで受諾した。

延文五年四月二五日、興良は総勢二〇〇騎あまり、野伏《のぶせり》三〇〇〇人とともに挙兵して大和国賀名生《あのう》（奈良県五條市。当時の南朝の本拠地）に侵攻し、後村上天皇の行宮《あんぐう》や南朝廷臣の邸宅を焼き払った。

しかし翌日、前関白二条師基《にじょうもろもと》が和泉・大和両国の軍勢一〇〇〇騎あまりで反撃したため、興良は敗北し、奈良へ没落した。赤松氏範も奮戦したが結局降伏し、故郷の播磨国へ帰ったという（以上、『太平記』巻第三四）。兵力などは『太平記』の誇張があるだろうが、他の一次史料からも史実と確認でき、相当大規模な合戦であっ

（右）赤松氏範の墓　（左）赤松氏範切腹石■ともに兵庫県加東市・清水寺

たのは確かであるようだ。

　短期間で鎮圧したとはいえ、天皇の甥が起こした反乱により本拠を破壊され、南朝は風前の灯火となった。しかしここで、室町幕府のお家芸ともいえる恒例の内紛が勃発した。細川清氏・畠山国清が相次いで失脚したことにより南朝は窮地を逃れ、このあと三〇年あまり命脈を保つこととなった。

　興良は、この事件を最後に歴史の表舞台から姿を消す。没年も不詳である。赤松氏範は、応安《おうあん》二年（一三六九）と至徳《しとく》三年（一三八六）にも南朝方として挙兵するが、幕府軍の攻撃を受けて戦死した。

　なお、謀反を起こした赤松宮を「陸良」とする史料があり、筆者も採用したことがある。しかし、この宮も興良とする新井孝重の考証が妥当であると考えられるので、従いたい。

■南朝の反主流派■

　以上、護良の遺児興良の生涯を瞥見したが、南朝における興良の位置づけはきわめてはっきりしている。すなわち興良は、南朝内部で主流派と一線を画す反主流派であった。そのため、隙さえあれば分派活動を企て第三王朝樹立を志向したり、クーデターを起こして後村上天皇の寝首を掻こうと虎視《こし》眈々《たんたん》と狙っていたのである。

南朝三帝黒木御所跡■後醍醐・後村上・長慶の三天皇が居住したとされる。黒木御所とは行宮のこと　奈良県五條市

赤松宮を祀る親王塚■兵庫県姫路市　写真提供：姫路市教育委員会

こうした立場は、父の護良と基本的に同じであった。そして興良は、政権の中枢から排除されて非業の死を遂げた護良の怨念を受け継ぎ、南朝主流派へ反発する姿勢を父以上に強く持っていたのであろう。後村上に対して、忠誠よりも反逆の感情を抱いていたとする新井孝重の指摘は妥当であろう。

そして、護良―興良父子の行動が、結果的に足利氏―室町幕府に利益を与える展開となったことも看過できない。護良の尊氏に対する敵意は建武政権内における尊氏の立場を強化させ、関東における興良の分派活動は高師冬に勝利をもたらした。赤松則祐に奉じられた際には尊氏に観応の擾乱の勝利を与え、最後は賀名生の行宮を灰燼《かいじん》にした。

まさに、興良は南朝の時限爆弾であり、彼の存在は獅子身中《ししんちゅう》の虫《むし》そのものだったのである。

賀名生行宮跡■賀名生の中心地にある堀家住宅の背後の丘陵が行宮のあった場所とされている。門に掛けられた扁額は幕末の勤皇家吉村寅太郎の筆という　奈良県五條市

【主要参考文献】

新井孝重「興良・常陸親王考」(『獨協経済』七四、二〇〇一年)
新井孝重『護良親王―武家よりも君の恨めしく渡らせ給ふ―』(ミネルヴァ書房、二〇一六年)
生駒孝臣『楠木正成・正行』(戎光祥出版、二〇一七年)
伊藤喜良「建武政権試論―成立過程を中心として―」(同『中世国家と東国・奥羽』校倉書房、一九九九年、初出一九九八年)
上横手雅敬「護良親王―武家よりも君がうらめし―」(永積安明・上横手雅敬・桜井好朗『太平記の時代―変革の時代を読む―』日本放送出版協会、一九八七年)
大薮　海「北畠親房は、保守的な人物だったのか?」(呉座勇一編『南朝研究の最前線―ここまでわかった「建武政権」から後南朝まで―』洋泉社、二〇一六年)
岡野友彦『北畠親房―大日本は神国なり―』(ミネルヴァ書房、二〇〇九年)
亀田俊和「陸奥将軍府恩賞充行制度の研究」(同『室町幕府管領施行システムの研究』思文閣出版、二〇一三年、初出二〇一一年)
亀田俊和『南朝の真実―忠臣という幻想―』(吉川弘文館、二〇一四年)
亀田俊和『高一族と南北朝内乱―室町幕府草創の立役者―』(戎光祥出版、二〇一六年)
亀田俊和『足利直義―下知、件のごとし―』(ミネルヴァ書房、二〇一六年)
川添昭二『菊池武光』(戎光祥出版、二〇一三年)
菊地大樹「宗尊親王の王孫と大覚寺統の諸段階」(『歴史学研究』七四七、二〇〇一年)
高坂　好『赤松円心・満祐』(吉川弘文館、一九八八年、初出一九七〇年)
河内祥輔「後醍醐天皇の倒幕運動について」(同『日本中世の朝廷・幕府体制』吉川弘文館、二〇〇七年)
佐藤進一『南北朝の動乱』(中央公論社、一九七四年、初出一九六五年)

中井裕子「朝廷は、後醍醐以前から改革に積極的だった！」（呉座勇一編『南朝研究の最前線―ここまでわかった「建武政権」から後南朝まで―』洋泉社、二〇一六年）
花岡康隆「発祥から鎌倉期までの村上氏」（笹本正治監修『信濃村上氏フォーラム』坂城町教育委員会、二〇一六年）
平田俊春「後醍醐天皇の御宏図と諸皇子の御活動」（同『吉野時代の研究』山一書房、一九四三年、初出一九三九年）
三浦龍昭「新室町院珣子内親王の立后と出産」（宇高良哲先生古稀記念論文集『歴史と仏教』文化書院、二〇一二年）
村井章介「建武政権の所領政策」（二木謙一編『戦国織豊期の社会と儀礼』吉川弘文館、二〇〇六年）
桃崎有一郎「建武政権論」（『岩波講座　日本歴史　第七巻　中世2』岩波書店、二〇一四年）
森　茂暁『皇子たちの南北朝―後醍醐天皇の分身―』（中央公論社、二〇〇七年、初出一九八八年）
森　茂暁『南朝全史―大覚寺統から後南朝へ―』（講談社、二〇〇五年）
依藤　保「赤松円心私論―悪党的商人像見直しのためのノート―」（『歴史と神戸』二三四、二〇〇一年）
渡邊大門『赤松氏五代―弓矢取って無双の勇士あり―』（ミネルヴァ書房、二〇一二年）

【基本史料集】

『太平記』（後藤丹治・釜田喜三郎校注『日本古典文学大系34　太平記一』岩波書店、一九六〇年）
『梅松論』（矢代和夫・加美宏校注『新撰日本古典文庫8　梅松論　源威集』現代思潮社、一九七五年）
『増鏡』（河北騰『増鏡全注釈』笠間書院、二〇一五年）
『保暦間記』（佐伯真一・高木浩明編著『重要古典籍叢刊2　校本　保暦間記』和泉書院、一九九九年）
『天台座主記』（塙保己一編『群書類従　第四輯』続群書類従完成会、一九三二年）
『東寺本天台座主記』（山城東寺文書乙号外五号）
『花園天皇宸記』（増補史料大成刊行会編『増補　史料大成　花園天皇宸記二／伏見天皇宸記』臨川書店、一九六五年）

竹内理三編『鎌倉遺文　古文書編第四一～四二巻』（東京堂出版、一九九〇～九一年）
岸和田市史編さん委員会編『岸和田市史　第6巻　史料編Ⅰ』（岸和田市、一九七六年）
粉河町史編さん委員会編『粉河町史　第三巻』（粉河町、一九八八年）

護良親王・興良親王関係年表

年号	西暦	月日	事項
一三〇八	延慶元		大塔宮護良親王誕生。父は後醍醐天皇。母は民部卿三位。
一三二三	元亨三		この頃、護良、梶井門跡に入室。「尊雲法親王」と称す。
一三二五	正中二	十一月二十五日	護良、梶井門主となる。
一三二七	嘉暦二	十二月六日	護良、三品に叙され、天台座主に任命される。
一三二九	元徳元	二月十一日	護良、天台座主を辞任。
		十二月二十四日	天台座主に再任。
一三三〇	元徳二	三月二十七日	後醍醐、比叡山に行幸。護良、大講堂供養で呪願を務め、この功により、二品に叙される。
		四月	護良、天台座主を辞任。
一三三一	元弘元	八月	護良、鎌倉幕府が後醍醐を逮捕しようとしている情報を後醍醐に伝える。後醍醐、この報を受け、廷臣花山院師賢を自身の影武者として比叡山に派遣し、護良もこれに同行。護良、幕府軍と交戦した後、笠置山の後醍醐に合流。
		九月二十九日	笠置山が落城し、後醍醐、捕らえられる。護良、この直前に笠置山を脱出し、河内国の楠木正成居館に入る。その後、奈良般若寺に潜伏し、紀伊国熊野方面を目指す。同国切目の五体王子神社で大和国十津川方面へ転進。十津川の竹原宗規の館に半年ほど滞在する。
一三三二	元弘二	三月	護良、還俗。
		六月六日	熊野宛の護良令旨が、六波羅探題に届けられる（令旨の初見）。
		六月七日	護良が京都に潜伏し、祇園祭に乗じて騒乱を起こそうとしているとの風聞が入る。
		六月末	竹原宗規、護良令旨を所持して伊勢国に侵入したとの情報が京都にもたらされる。
		十一月	護良、大和国吉野に入り、挙兵。
		十二月九日	楠木正成軍、京都に侵攻。護良の指令によるか？

一三三三	元弘三	一月	正成軍、護良の部将四条隆貞を大将軍として、河内守護代・和泉守護の軍勢を撃破し、摂津国天王寺まで進出して六波羅軍と交戦。赤松円心、子息則祐がもたらした護良令旨に従い、播磨国苔縄城で挙兵。護良、腹心の殿法印良忠と定恒を円心の許へ派遣する。
		二月十六日	幕府軍、吉野を包囲。
		閏二月一日	吉野城陥落。護良、高野山へ逃れる。以降、畿内南部でゲリラ戦を展開。
		三日四日	円心、京都に突入して六波羅軍と交戦するが敗北。以降、戦線は膠着状態に。
		五月七日	足利高氏（尊氏）、幕府を裏切って六波羅を滅ぼす。
		五月十日	護良、令旨で将軍を自称し始める。
		五月二十一日	新田義貞、鎌倉幕府を滅ぼす。この頃、尊氏、強盗を働いた良忠の部下を逮捕・処刑し、護良と不和になる。
		六月	護良、大和国信貴山に籠城し、臨戦態勢を継続。後醍醐、護良を征夷大将軍に任命し、護良、帰京。護良、和泉・紀伊の知行国主を兼ねる。丹後の知行国主も務めた可能性がある。
		六月十六日	後醍醐、宣旨を発し、護良令旨を根拠とした濫妨を禁止する。
		八月二十二日〜九月二日	この間、護良、征夷大将軍を解任される。
		十月三日	この日を最後に護良令旨、消滅。
		十二月十一日	護良、南禅寺に参詣。
一三三四	建武元		この年、興良親王誕生。
		六月	護良、尊氏暗殺を試みるが失敗。
		十月二十二日	護良、清涼殿で逮捕され、武者所に監禁される。翌朝、常磐井殿に移される。
		十一月十五日	護良、尊氏の重臣細川顕氏に引き取られ、鎌倉へ護送される。護良配下の南部・工藤以下の武士や浄俊律師、処刑される。

一三三五	建武二	七月二十三日	護良、足利直義の部下淵辺義博によって殺害される。享年二八歳。
一三三六	建武三	六月	足利尊氏軍、京都を攻撃。興良、祖父後醍醐とともに比叡山に避難する。
		八月一日	興良、山城国石清水八幡宮に移る。
一三三七	建武四	四月頃	興良、和泉国槇尾寺に籠城し、「大塔若宮」と称して令旨を発給する。その後、興良、吉野で後醍醐の猶子となり、親王宣下を受ける。その後、一時駿河国の狩野貞長の許に滞在し、宗良親王と面会する。
一三四一	暦応四	夏頃	興良、常陸国に出現する。
		十一月	南朝小田治久、室町幕府に降伏。興良、常陸国大宝城に入る。
一三四三	康永二	五月以前	興良、大宝城を出て、下野国の小山朝郷の許へ出奔する。
一三五〇	観応元		この頃、興良、「兵部卿親王」「宮将軍」「常陸親王」と称し、中国地方を中心に多数の令旨を発給する。
一三五一	観応二	七月頃	室町幕府播磨守護赤松則祐、興良を大将に擁立し、南朝に寝返る。興良、「赤松宮」と称される。
一三五二	観応三	三月	正平の一統、破綻する。興良、京都に上り、囚人のように扱われる。その後、但馬国高山寺城に入り、但馬・丹波両国を制圧。摂津国甲山で則祐軍と交戦し、敗北。河内国を経て吉野に逼塞する。
一三六〇	延文五	四月二十五日	興良、赤松氏範とともに大和国賀名生に侵攻し、南朝後村上天皇の行宮を焼き払う。
		四月二十六日	興良、南朝前関白二条師基軍の反撃に敗北し、奈良へ没落する。以降の消息は不明。

弊社刊行書籍のご案内

各書籍の詳細及び最新情報は戎光祥出版ホームページをご覧ください。
http://www.ebisukosyo.co.jp

シリーズ〈実像に迫る〉以下続刊　A5判　各1500円

001 真田信繁〈好評発売中〉　黒田基樹 著

002 大谷吉継〈好評発売中〉　外岡慎一郎 著

003 長野業政と箕輪城〈好評発売中〉　久保田順一 著

004 鍋島直茂〈好評発売中〉　岩松要輔 著

005 小早川秀秋〈好評発売中〉　黒田基樹 著

006 楠木正成・正行〈好評発売中〉　生駒孝臣 著

007 征夷大将軍・護良親王〈好評発売中〉　亀田俊和 著

008 武市半平太　松岡司 著

マンガで読む 真田三代　A5判・並製　152頁　本体980円＋税　すずき孔 画　平山優 監修

マンガで読む 戦国の徳川武将列伝　A5判・並製　208頁　本体1200円＋税　すずき孔 画　小和田哲男 監修

マンガで読む 井伊直政とその一族　A5判・並製　162頁　本体980円＋税　すずき孔 画　小和田哲男 監修

【中世武士選書】シリーズ近刊！

第30巻 相馬氏の成立と発展　名門千葉一族の雄　280頁／本体2700円＋税　岡田清一 著

第31巻 三好一族と織田信長　「天下」をめぐる覇権戦争　204頁／本体2500円＋税　天野忠幸 著

第32巻 高一族と南北朝内乱　室町幕府草創の立役者　273頁／本体2600円＋税　亀田俊和 著

第33巻 足利義稙　戦国に生きた不屈の大将軍　228頁／本体2500円＋税　山田康弘 著

第34巻 上杉憲政　戦国末期、悲劇の関東管領　242頁／本体2500円＋税　久保田順一 著

第35巻 南部信直　戦国の北奥羽を制した計略家　240頁／本体2500円＋税　森嘉兵衛 著

第36巻 三浦道寸　伊勢宗瑞に立ちはだかった最大のライバル　276頁／本体2600円＋税　真鍋淳哉 著

第37巻 島津貴久（4月刊行予定）　戦国大名島津氏の誕生　239頁／本体2500円＋税　新名一仁 著

【著者略歴】

亀田俊和（かめだ・としたか）

1973年、秋田県に生まれる。

1997年、京都大学文学部史学科国史学専攻卒業。

2003年、京都大学大学院文学研究科博士後期課程歴史文化学専攻（日本史学）研究指導認定退学。

2006年、京都大学博士（文学）。

現在、京都大学文学部非常勤講師。

著書に、『室町幕府管領施行システムの研究』（思文閣出版、2013年）、『南朝の真実—忠臣という幻想—』（吉川弘文館、2014年）、『高 師直—室町新秩序の創造者—』（吉川弘文館、2015年）、『高一族と南北朝内乱—室町幕府草創の立役者—』（戎光祥出版、2016年）、『足利直義—下知、件のごとし—』（ミネルヴァ書房、2016年）がある。

シリーズ・実像に迫る 007
征夷大将軍《せいいたいしょうぐん》・護良親王《もりよししんのう》

2017年4月10日初版初刷発行

著　者　亀田俊和
発行者　伊藤光祥
発行所　戎光祥出版株式会社
〒102-0083 東京都千代田区麹町1-7 相互半蔵門ビル8F
TEL：03-5275-3361（代表）　FAX：03-5275-3365
http://www.ebisukosyo.co.jp
編集協力　株式会社イズシエ・コーポレーション
印刷・製本　日経印刷株式会社
装　丁　堀　立明

ISBN：978-4-86403-239-1